U0062521

点亮艺术之眼

——伟大的博物馆

伟大的
博物馆

Museums of Rajasthan

印度
拉贾斯坦邦博物馆

〔印度〕钱德拉曼尼·辛格 著
李 鑫 译

江苏凤凰文艺出版社
JIANGSU PHOENIX LITERATURE AND
ART PUBLISHING

第 2 页图

发簪，象牙，斋浦尔，20 世纪，3.8×2.6cm

拉杰·巴凡博物馆，阿布山，编号4338

图中展示的宝物是一支雕刻得极为精美的象牙发簪，发针带有沟槽，顶端雕刻有一头狮子。这枚发簪最初是在斋浦尔地区发现的，现在是西罗希博物馆的馆藏珍品。在过去几个世纪里，印度的贵族极为喜爱各种象牙制品。

第 4—5 页图

《阿克巴二世的游行队伍》，纸本水彩画，德里，19 世纪，261.6×12.7cm

城市宫殿博物馆，阿尔瓦尔，编号593/1012

画卷里莫卧儿皇帝阿克巴二世（统治期为 1806—1837 年）骑坐在大象背上，正在进行游行，整个队伍阵仗极为宏大。这位阿克巴二世虽然仅仅是名义上的统治者，却深受德里人民的崇敬和爱戴。

目 录

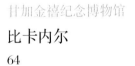

阿尔伯特大厅博物馆

斋浦尔

96

萨瓦·曼·辛格市政大
厅博物馆

斋浦尔

114

政府博物馆

杰伊瑟尔梅尔

116

政府博物馆

恰勒瓦尔

124

萨达尔博物馆

焦特布尔

128

布拉克·维拉斯宫殿
博物馆

科塔

142

扎纳·巴赫博物馆

门德索尔

154

拉杰·巴凡政府博物馆

阿布山

156

班加尔博物馆

巴利

166

拉贾库马尔·哈达亚

尔·辛格博物馆

锡格尔

170

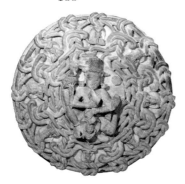

阿哈尔遗址博物馆

乌代布尔

176

政府博物馆

乌代布尔

180

序 言

　　我非常荣幸地宣布本书正式刊行。同时，我也希望各位读者能够通过阅读此书，初步了解拉贾斯坦邦政府管辖范围内的各博物馆中珍藏的奇珍异宝。

　　19世纪末，拉贾斯坦地区掀起了一场建造博物馆的热潮。各王侯属地纷纷兴建博物馆、公园等大型娱乐和教育性的公共性场所。1887年，斋浦尔最先响应了号召，在拉姆·尼瓦斯·巴格建造了阿尔伯特大厅博物馆；1890年，乌代布尔的维多利亚博物馆也初次向公众开放；20世纪初期，拉贾斯坦邦的其他地区也陆续投身建设。阿杰梅尔的拉杰普塔纳博物馆（1908年）、焦特布尔的萨达尔博物馆（1909年）、恰勒瓦尔的政府博物馆（1916年）、比卡内尔博物馆（1937年）、琥珀城堡（1938年）、阿尔瓦尔博物馆（1940年）、科塔博物馆和珀勒德布尔博物馆（1944年）也陆续得以建造。

　　1947年，印度取得了独立，这之后拉贾斯坦邦建立起来。昔日拉杰普塔纳土邦的考古部门与博物馆部门重新整合，划归统一管理。此后的60年间，拉贾斯坦邦更多的地区新建了博物馆，其中包括栋格尔布尔（1959年）、阿哈尔（1961年）、阿布山（1965年）、门德索尔（1968年）、奇陶加尔（1969年）、巴利（1991年）和锡格尔（2006年）。与此同时，斋浦尔的萨瓦·曼·辛格市政大厅里也兴建起了一座博物馆。

　　随着拉贾斯坦邦内博物馆的数量不断增长，出版发行彰显博物馆藏品特色的刊物也势在必行。1961年，珀勒德布尔、焦特布尔、阿杰梅尔、比卡内尔、科塔和乌代布尔等地的博物馆馆长纷纷编写了介绍馆内藏品的册子和展品名录，由孟买的Vakil&Sons有限公司出版发行。在过去的60年间，上述这些博物馆馆内珍品不断被充实。随着新博物馆不断建立，这些小册子和宣传页渐渐无法满足宣传的需求。截至目前，也没有一份全面记载馆内藏品的出版物问世。1993年，贾瓦哈·卡拉·肯德拉文化中心建成。自此，该艺术中心便致力于记录各种艺术形式和收藏品。其出版的许多刊物详细记载了由拉贾斯坦邦政府所有并管理的艺术品、纪念品和历史遗存，以及私人展品等等，充分展现了拉贾斯坦邦内各大政府博物馆所珍藏的艺术珍品。

写作本书这个项目于 2007 年正式启动，专注于记录各大博物馆的珍贵展品，也同时作为贾瓦哈·卡拉·肯德拉文化中心"年度主题"项目的一部分。这本书也正是在肯德拉中心、考古与博物馆部、拉贾斯坦邦政府的资助下完成的，相关的编辑、整理录入等工作非常艰巨，幸有肯德拉中心的文献部门顶住压力，完成了任务。经过多年不懈的努力，这部作品终于得以出版发行，献给各位敬爱的读者。值此之际，肯德拉中心非常诚挚地向所有为本书的创作提供珍贵注释的学者和对博物馆馆藏珍品进行评述、讲解的各位专家表示感激。此外，我们衷心地感谢为本书的著成做出贡献的各位博物馆负责人。

我相信，本书足以满足广大的学者、学生和艺术鉴赏家的需求和兴趣，并获得大家的喜爱。

印度国家科学院　阿莎·辛格
贾瓦哈·卡拉·肯德拉文化中心总监
2009 年 7 月，写于斋浦尔

塔斯·维纳，木质，阿尔瓦尔，20世纪，城市宫殿博物馆，阿尔瓦尔
图中所展示的是一把着色精美、雕刻成孔雀形状的木制乐器。

前　言

人类生性喜欢收集各种美好的物件，也正是这种天性推动历代的能工巧匠加工创造了大量的奇珍异宝。印度最早的一批藏品出自私人珍藏和家庭收藏品。各大圣地的长老和看护会将虔诚信徒供奉的礼物收藏起来，并在特定的场合展示给游客们，接受人们的赞美和崇敬；诸侯王和皇帝也会将战利品展示给自己的子民，希望借以展现他们的骁勇善战、智勇双全；教师和导师也会经常收集各种对象样本，辅助学生展开学习。类似的例子不胜枚举。几个世纪以来，收藏品的数量更是大幅增长。

自 19 世纪下半叶开始，各地出于教育民众的目的，逐渐重视向公众展示各种展品。19 世纪，世界迎来了重要的历史转折点，英国的不断扩张、欧洲掀起的工业革命的浪潮，无不推动人们主动学习、接纳各种新知识。与此同时，这些因素也推动印度建立了更多的博物馆。如今，馆内收藏的珍品不仅仅可作为印度历史的一种可视化展现方式，更是历史文化学习中非常重要的一部分资源。

当时的印度被称为"英国皇冠上的明珠"，自然受到了英国政府极大的关注。接受过专业训练的许多学者和专家调查了整个国家的情况，通过分析得出调查结果并发布了各类报告。印度调查局标绘出全国所有区域，绘制出符合现代科学标准的地图。与此同时，植物、动物、考古和地质调查等部门也相继成立。

在各地忙于调查的同时，人们收集了各种艺术和工艺制品，送往英国和其他欧洲国家进行展示，许多印度当地的工艺品得以展现给公众。展品种类并不限于木制品、金属制品、陶艺作品和各色纺织品。举办这些展览会的主要目的是充分展示大英帝国的雄伟壮阔，当然也并不局限于此。通过这些博览会，各位学者、鉴赏家和工匠学习文化艺术、不断精进技艺的需求也得到了满足。人们通过研习艺术作品中描绘的神话人物可以充分了解印度这个多彩的国度及其丰富的文化历史和鲜明的民族特色等等。此后不久，欧洲各国逐渐认可印度和印度的国内艺术，人们对这个古老国度的印象也有大幅度的改观。这时起，印度在人们心目中不再只是一个只会"耍蛇的国家"，而是突然间成了一个富有艺术创造力的国度。

拉杰普塔纳的奇珍异宝

自 19 世纪起，拉杰普塔纳管辖下的各个土邦开始参加欧洲国家和印度组织的各大工业展会（后来这些土邦共同组成了现在的拉贾斯坦）。在过去的几个世纪里，这些地区的统治者斥巨资支持工匠打造各种工艺品，因此，当地保留的历史遗物非常丰富。这些土邦的统治者大多在英国受过良好的教育，非常欣赏现代化的生活方式，也对欧洲各地区的博物馆活动有着充分的认识和了解。旅居海外期间，他们深受欧洲博物馆馆内珍品和皇家藏品的启发，收集了大量欧洲艺术佳作带回印度。当有人提出应当为辖区兴建博物馆的想法时，几乎所有统治者都欣然应允了。拉杰普塔纳管辖区内的各土邦纷纷支持这一提议，所幸各个主要地区统治者也有足够的资源来充实博物馆。

这些展品主要有三大来源：全国地域调查中各大文物遗址出土的艺术品，主要是雕塑、建筑遗存、硬币和碑文等；生活中的常见物品，主要包括常用的装饰性艺术品和人工制品，例如各类装饰用品、玩具、家具、各种器皿、陶器、餐具和纺织品等；各大机构和到访贵宾馈赠的各种礼物。

自 1862 年起，亚历山大·卡宁厄姆先生开始担任印度调查考古部考古总监，他的足迹遍及整个印度，直到 1884 年退休，他几乎标记了国内所有重要的考古和历史遗迹与雕像。他所完成的报告总计有 23 卷，其中第 6 卷、20 卷、23 卷里分别强调了他对拉杰普塔纳地区遗迹和文物的关注与兴趣。拉贾斯坦邦内的科学发掘工作开展较晚，直至 1930 年才正式开始，当时斋浦尔考古部门刚刚设立，拉伊·巴哈杜尔·达亚拉姆·萨尼出任负责人。而此时在拉贾斯坦西部，意大利学者路易吉·皮奥·泰西托里博士应比卡内尔的甘加·辛格王公邀请在比卡内尔境内开展勘探工作。在哈那·李德的领导下，瑞士代表团在出访印度期间也有了重大的发现，其所有挖掘、勘探出的材料得以妥善存档、研究并展示出来。

在拉贾斯坦邦博物馆运动中，其他的专家和学者也贡献了力量。19 世纪晚期，在梅瓦尔王土邦内，卡维拉贾·夏玛尔达斯负责编写梅瓦尔地区的历史，他的助手高利桑卡尔·希拉昌德·奥哈博士对此非常热心，在梅瓦尔地区收集到了大量的雕塑和碑文。这些展品就收藏于皇宫建筑群里，后来也成为乌代布尔维多利亚大厅博物馆内最为珍贵的核心展品。奥哈博士后来也担任过拉贾斯坦两大重要博物馆的馆长，这两座博物馆分别坐落于乌代布尔和阿杰梅尔地区。焦特布尔的历史部由蒙希·德维·普拉萨德领导，他的助手是年轻的比什瓦·纳特·鲁伊，这位年轻人之后也成了著名的历史学家和博物馆学领域的先驱者。他在今天的焦特布尔建立了萨达尔政府博物馆和苏美尔公共图书馆，并担任这两所机构的馆长。

馆内珍藏的大多数装饰性艺术品是由馆长在各个国家、国际集市或展览会上购置来的，如阿尔伯特大厅博物馆珍藏着的由托马斯·霍尔贝恩·亨得利精心撰写的目录。这份名录提到了馆藏的珠宝展品，部分展品是由托马斯的助手布拉吉·巴拉布从当地集市上购来的，其中包括几枚农村妇女戴在头上的饰品。

皇室也经常会资助一些工匠，要求他们为自己精心打造各种精美的装饰性艺术饰品。这些工匠中有木工、铁匠、鞋匠和宝石匠等，他们日复一日地努力工作，以高超的技艺满足皇室和富家大族的需要。其中有的匠人技艺精妙、巧夺天工，甚至扬名邦外。斋浦尔境内知名的艺术家和匠人完成的作品备受欢迎，有部分珍品在阿尔伯特大厅博物馆内展出，也有部分珍品被送往伦敦的维多利亚和阿尔伯特博物馆里进行公开展览。

拉贾斯坦邦博物馆
第一阶段：1887—1949年

在萨瓦·拉姆·辛格二世王公（统治期为1835—1880年）的统治期间，斋浦尔在都城率先建立了一座博物馆，用以临时珍藏古玩珍宝。这座于1881年8月21日开始公开展览的博物馆，现在成了拉贾斯坦艺术学院。1883年斋浦尔展览会上的手工艺术品和文物也和其他珍奇古玩一起在这座博物馆里展览。这些工艺品极富教益，充分体现了当时高超的工艺美术。后来，馆内的展览品一并于1886年9月搬到了拉姆·尼瓦斯·巴格新建成的阿尔伯特大厅博物馆里，当时正值萨瓦·曼多尔·辛格二世王公的统治期（统治期为1880—1922年）。

斋浦尔博物馆里展示有一个特制的托盘，非常精美，是当地艺术家拉古纳特的作品，也是馆内非常珍贵的展品。斋浦尔地区的阿尔伯特大厅博物馆也同时展示了某次展览上获得的艺术品，其中包括来自卡普他拉地区的一扇雕刻华美的门和几件由邦内监狱犯人编织出来的精美地毯，还有几件由阿格拉、格劳利和桑格阿姆内尔地区的印刷厂受托制成的艺术品。19世纪末期，海得拉巴邦的尼扎姆在参观阿尔伯特大厅博物馆时将一件海得拉巴地方特色的地毯赠给了博物馆；乌代布尔的王公则将一座由象牙雕成的大象雕像赠送给了博物馆。这件牙雕艺术品非常美丽精致，就连大象背上的皇家象轿都雕刻得格外精美。这些艺术品堪称19世纪工艺、美术艺术的绝佳典范。印度医疗服务部门的外科医生托马斯·霍尔贝恩·亨得利是斋浦尔博物馆的第一任名誉干事，多年来兢兢业业，努力使博物馆成为一座理想的工艺美术博物馆。迄今为止，这里仍是 19 世纪建成的博物馆中最佳的一座。

1899 年，寇松侯爵出任印度总督。寇松非常热爱纪念碑和博物馆，他的热衷也大大推动了博物馆建设的发展进程。1902 年，寇松侯爵再次设置了印度考古调查总干事一职，并任命约翰·马歇尔爵士担任这个职务。侯爵极为重视博物馆运动，更多学者相继开展各项相应的调查和研究计划。在他的统治期内，印度国内相关领域的人才有史以来首次得以被重用。

梅瓦尔地区的考古资源非常丰富。在法塔赫·辛格王公的统治期，梅瓦尔决定在乌代布尔兴建一座博物馆，同时也是为了配合维多利亚女王的银禧年庆典活动。这座博物馆还附带有一个公共图书馆，都由高利桑卡尔·希拉昌德·奥哈博士负责管理。20 世纪初期，这位著名的历史学家受邀负责在阿杰梅尔地区内的阿克巴历史堡垒内建设拉杰普塔纳博物馆。新建成的博物馆坐落在 16 世纪的莫卧儿建筑群里，馆内珍藏有许多由奥哈博士和其继任者 U.C. 巴塔查里亚收集的出土古物，以及由 D.R. 班达伽博士收集的各式艺术品。

与梅瓦尔一样，1914 年，马尔瓦的历史学家也开始在焦特布尔建起萨达尔博物馆。这座博物馆收藏有大量的古董和珍宝，其中包括雕塑、硬币、铭文、当地工艺品和教育器材等。负责主持建立博物馆的历史学家潘伟迪·比什瓦·纳特·雷乌于 1924 年开始负责出版《关于考古部门和苏美尔公共图书馆管理的年度报告》，直至 1948 年他退休为止。雷乌还创作了一系列介绍焦特布尔风格插图作品的小册子，其中提及的绘画作品大多是在哈曼·辛格王公的统治期间（1803—1843 年）完成。

由拉索尔人统治的比卡内尔是马尔瓦的邻邦。1916 年，意大利学者路易吉·皮奥·泰西托里博士接受邀请，开始对比卡内尔的历史和吟唱诗人的材料进行调查研究。他成功发掘并收集到了丰富的历史遗

石碑的残件，黑色岩石，喀尔瓦，9—10 世纪，25.2×19.3cm，拉杰普塔纳博物馆，阿杰梅尔，编号492

图中展示的这块残存的石碑是在阿杰梅尔的喀尔瓦地区发现的。石碑的碑额部分点缀有一些装饰性的图案，下半部分有以纳格利字符写成的碑文。不过可惜的是，碑文内容已经难以辨识。

装饰性铜匾，斋浦尔，19世纪末，42×32.5cm，阿尔伯特大厅博物馆，斋浦尔，编号2128

铜匾上的图案讲述了《罗摩衍那》中的一个故事：神猴哈奴曼用尾巴点燃了兰卡，吓得在城市里猖狂肆虐着的恶魔疯狂逃窜。这面铜画是由19世纪斋浦尔地区的一位名叫拉古纳特的艺术家雕刻成的。早在16世纪，巴萨万和米思金受莫卧儿帝国皇帝阿克巴（统治期为1556—1605年）之托创作过同样题材的一幅画作。拉古纳特也正是从这幅画作里汲取了灵感，从而创作出了这面铜艺术品。

装饰盘，金属，焦特布尔，19世纪，36cm（直径），萨达尔博物馆，
焦特布尔编号29/161

上图展示的装饰盘非常美丽，盘面上装饰有丰富多彩的图案，是工匠
精雕细刻而成。

《马头明王》，水彩画，马尔瓦风格，出处未知，17世纪中期，14×14cm，甘加博物馆，比卡内尔，编号1898 BM

右图所展示的这幅水彩画描绘的是马头明王从火焰中出现，他的手中握着法器。马头明王右手边是一个恶魔，手握一把剑；左手边站着大神梵天和梵天的四个养子，即萨纳特库玛、撒那坦、萨纳克和萨南丹。据传说，毗湿奴化身为马头明王，从恶魔蛮毒和卡达巴手里抢救出《吠陀》，拯救了整个世界。

产，并格外强调了拉贾斯坦邦北部根讷格尔和比卡内尔地区原始历史的重要性。此后不久，泰西托里博士还发现了印度河流域文明中的一座大都市卡里班根，并成功发掘了笈多时期（公元4—6世纪）的众多陶俑。这些陶俑多出自兰格马哈尔、波尔班达尔、皮尔·苏丹和蒙达的墓葬，如今就在比卡内尔政府博物馆中展示。

哈达提地区涵盖本迪、科塔和恰勒瓦尔，这里拥有无与伦比的历史遗产。1915年该地区在恰勒瓦尔宫殿附近建起了第一座博物馆。在巴瓦尼·辛格王公（统治期为1899—1929年）大力斥资支持下，这些宝藏得以在博物馆里展示。辛格王公酷爱视觉和表演艺术，极大地推动了博物馆的发展。印度国内专家、首席学者戈帕尔·拉·维亚斯受到委任，开始相关调查并收集各种文物。这些宝藏中有碑文和雕塑等，还有各

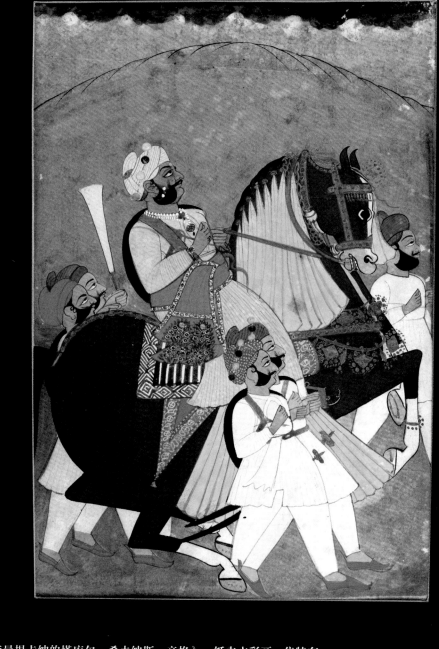

《古查曼提卡纳的塔库尔·希夫纳斯·辛格》，纸本水彩画，焦特布
，19世纪，27.9×20.9cm，萨达尔博物馆，焦特布尔，编号420

这幅画主要描绘古查曼提卡纳地区的首领盛装出行的场景。首领的
从们步伐整齐，仪仗庄严。很明显，这幅画作记录了一次出游的场景，
公的马背上装饰有华美的马鞍，没有任何准备出征的迹象。

乔加（以及细节图），长褂，丝绒，比卡内尔，20世纪早期，132cm（长），甘加博物馆，比卡内尔，编号582 BM

图中展示的这种上装上有用卡拉巴图（一种金丝）刺绣出的各种图案。19世纪至20世纪初期，男子们多将"乔加"视为可以出席正式场合的穿着服饰，因而人们大多身着"乔加"去往宫廷等各种重要场合。制作这种服饰时，织工们多以织布机在布料上织出不同的图案，或者刺绣上不同的花纹，成品整体上看起来非常华美。他们也会对服饰细节进行巧妙的处理。例如，图示的这件长褂刺绣上有多处呈对角线的条纹和花朵图案，条纹和花朵中间还绣有极其精致的小树叶图案；两片长褂中间各有一枚槟榔树叶图案。

种附有插图的书稿和微型绘画作品，均为博物馆的核心展品。

大约20年后，1936年2月，科塔土邦考古部门邀请贝拿勒斯印度大学的知名教授A. S.阿尔泰卡博士展开考古调查，而他的助手则为当地的历史学家马图拉·拉尔·夏尔马博士。他们共同发现了许多重要的历史遗迹，其中包括堡垒中的纪念碑和寺庙里的古老铭文等。在两人呈递的报告中，阿尔泰卡博士强调了在科塔建立博物馆的必要性，希望能够充分保护好这些文物。马图拉·拉尔·夏尔马博士接到委托，负责收集文物并发掘珍贵历史遗址的任务，并于1944年将这些文物收藏在布拉吉别墅花园内，还将这些文物的来源收录在其关于科塔土邦历史的知名著作《科塔·拉吉雅·卡·伊蒂亚斯》之中。这部作品总共分为两卷，出版于1939年。

1940年，拉贾斯坦东部的土邦也建了数座博物馆。珀勒德布尔的布里詹德拉·辛格王公对博物馆和各种文物的极度热爱，在当地掀起了新一轮对各种雕塑、考古文物、铭文和古董收集和复原的热潮，也正是在此时，这些文物得以在当地的公共图书馆里展出。时任馆长、创始人拉瓦特·查图尔布吉·达斯·查图尔维迪投身到博物馆建设之中，在他的不懈努力下，馆内藏品的数量不断增加，藏品质量也得到充分提升。与此同时，他从皇家获得了更多书稿、绘画作品、

狩猎来的动物制成的标本、各种当地艺术品和手工制品，这无疑扩大了馆藏。1944 年 11 月 11 日，公共图书馆内所有的珍品都迁到了富含历史意义的罗哈格堡，博物馆正式向公众开放。印度独立后，堡内的军械库和展览室也于 1951 年 7 月并入了博物馆。

　　阿尔瓦尔的邻邦由卡哈瓦哈的拉杰普特氏族统治，其统治者维奈·辛格（统治期为 1814—1857 年）乘莫卧儿帝国正在德里瓦解之机，搜集到了大量的艺术珍品，大大扩充了阿尔瓦尔的馆藏展品。维奈经常对艺术和建筑事业慷慨解囊，并斥资建起了宏大的阿尔瓦尔城市宫殿博物馆、巴赫塔瓦·辛格和穆西·拉尼的艺术纪念碑以及西里瑟的宫殿。这位统治者深爱艺术和音乐，他的兴趣促使他不断发现、收集各类书稿、绘画作品、工艺品、独特而极富历史特色的武器装备等等。维奈也对艺术家、画家、诗人和音乐家十分欣赏，时常资助他们进行艺术创作，正是他的慷慨资助推动了当地艺术和手工艺品不断涌现出精品杰作。阿尔瓦尔总理梅杰·哈维为本邦的现代化进程做出伟大贡献，在收藏、管理各项艺术品的进程中不遗余力，并为存放的艺术展品建造了一座美轮美奂的博物馆。这座博物馆于 1940 年 11 月正式向公众开放，展区就坐落在城市宫殿的第四层，一直延续至今。

黄金穆哈，卡利玛式，在阿克巴统治期发行，拉合尔，16 世纪，12 克，甘加博物馆，比卡内尔，编号27 BM

　　图中所示的这种金币由莫卧儿国王阿克巴发行（统治期为 1556—1605 年），是在拉合尔铸造而成的。博物馆从比卡内尔的巴达·卡卡纳获得这件珍宝。

　　正面四角刻着四位哈里发的名字：阿布·巴克尔、奥马尔、乌斯曼和阿里。币面正中是卡利玛——虔诚的愿望。

　　背面是姓名、铸币厂和希吉里年，哈尔德·阿拉·塔拉·穆卡·贾拉鲁丁·穆罕默德·阿克巴·巴德沙赫·加西·扎布·乌尔杜·扎法尔·奎林，拉合尔，AH 988 年（公元 1580 年）。

钱德拉萨拉穹顶雕塑，砂岩，珀勒德布尔，5世纪，罗哈格堡博物馆，珀勒德布尔，编号63

钱德拉萨拉穹顶雕塑采用的是印度建筑中常见的装饰性结构元素，通常人们会在屋顶窗的部分雕刻神话人物或人类形象，描绘神圣的主题。这类雕塑中经常出现的形象或是知名的宗教人物，或是迷人的人类面孔。图中的雕塑在顶部左侧以粉色砂岩雕刻出一张非常端庄的女性面孔，周围点缀有花朵图案。

曼·辛格二世王公（统治期为1922—1970年）是斋浦尔卡卡瓦哈的统治者，于1935年在斋浦尔成立了建筑部，领导人们探索发掘各种古迹遗存，充分调动了多位知名建筑师和学者开展工作。

印度第一位考古总干事达亚拉姆·萨尼博士是知名的考古学家，曾于1921年探索过哈拉帕。退休后，他接受了斋浦尔邦的邀请，于1935年投身重建斋浦尔考古部门，将研究斋浦尔地区遗址提上了印度考古活动的日程，并先后发掘了拜拉德、桑巴尔和瑞尔地区遗址。在这几次探索之中，考古学家收获颇丰，发现了大量书稿、陶俑、金属制品、钱币和可移动古物等等。随后，斋浦尔地区普拉纳·加特维迪亚达·卡·巴格的考古部门收藏了这些宝物。1938年，萨尼博士将这里建成了新的考古博物馆。随着萨尼博士的继任，更多的珍品和古董被发现，这些宝藏连同原有的馆藏

香水匣子，木质，比卡内尔，20世纪初，50×29.2cm，甘加博物馆，
比卡内尔，编号94 BM

　　香水匣子使用比卡内尔特有的工艺芒纳瓦特上色装饰，匠人们通过
黏土和胶水混合物制成匣子表面凸起的花样图案。匣面上布满了金色的
树叶图案，图案之间的间隙填满了红色或绿色。

陶罐把手，黏土，桑巴尔，4世纪，9.4×12cm，阿尔伯特大厅博物馆，斋浦尔，编号35=65

图中展示的是一个陶罐的把手，造型仿造女子的躯体形态。在烧制前，匠人分别在不同的模具中制备出把手和罐身，然后再把把手黏到罐体上。这截残缺的陶罐把手是桑巴尔地区考古遗存中的重大发现。拉伊·巴哈杜尔·萨尼在桑巴尔地区的一次考古研究中发现了这件把手，并将其称为"非凡的恒河降落的见证"。

珍品一起于1949年7月被送往迪拉拉姆巴格。

第二阶段：1949—2008年

1947年，印度独立。次年，拉贾斯坦邦成立。1950年，考古与博物馆部正式建立，融合了昔日各土邦的考古和博物馆部门。自此开始，斋浦尔、琥珀城堡、焦特布尔、比卡内尔、乌代布尔、阿尔瓦尔、珀勒德布尔、科塔和恰勒瓦尔等地总计9座博物馆归于新建成的部门管辖之下。1956年11月，阿杰梅尔的拉杰普塔纳博物馆也开始接受该部门的管理。

原斋浦尔邦的部门主任萨蒂亚·普拉卡什博士（任期为1948—1969年）担任了考古与博物馆部的部门总监，随后于1956年升为部门主管。1951年12月29日至30日，印度博物馆协会第八届年会在斋浦尔召开。伦敦维多利亚和阿尔伯特博物馆策展人肯尼斯－德－伯格·科德林顿教授举办了讲座，内容为"如何更好地利用博物馆"。讲座吸引了不少听众，激起了他们对博物馆建设的兴趣，也为博物馆日后的发展铺平了道路。

达塔马查·朱纳比，宝剑，钢，阿尔瓦尔，19世纪，87cm，城市宫殿博物馆，阿尔瓦尔，编号k5-6=kh-34

图中展示的宝剑由萨克拉钢制成，剑身为螺纹刀片，刀柄由黄金铸成。阿尔瓦尔皇家军械库的记录表明，这把宝剑是由拉希姆大师制作完成的。

上衣，锦缎，阿尔瓦尔，19世纪晚期，66.6×47cm，城市宫殿博物馆，阿尔瓦尔，编号5

　　什瓦丹·辛格王公（统治期为1857—1874年）曾穿过这件华美的刺绣外套。1937年，王室将这件上衣赠给了阿尔瓦尔地区的博物馆。这件锦缎上衣的图案运用充分展示了英国的设计风格对阿尔瓦尔艺术产生的深刻影响。

在这一兴建过程中，拉贾斯坦邦新建成博物馆的概念和范围在一定限度内更为自由灵活。人们对考古艺术和工业艺术的偏见逐渐弱化，一座座富丽辉煌的博物馆有如缪斯神殿，充分地展现着拉贾斯坦邦悠久的文化和历史传统。在各方协同不懈的努力下，各式精美的珍宝得以栖身于高大华美的艺术博物馆之中，吸引着社会各界人士源源不断地前来参观。这些游客和学者履历不同、年龄不同、文化程度也不同，却纷纷被神秘的馆藏珍宝吸引，前来一览拉贾斯坦邦的历史文化。这些博物馆不再是一座座只能用来储存奇珍古玩的冷冰冰的大仓库，而是逐渐演化成为集收藏、储存、展示拉贾斯坦邦众多文化遗产为一体的多样文化殿堂。

新政府博物馆的建成

20 世纪五六十年代起，拉贾斯坦邦邦内的博物馆建设更为繁荣。栋格尔布尔（1959 年）、阿哈尔（1961 年）、阿布山（1965 年）、门德索尔（1968 年）、奇陶加尔（1969 年）、杰伊瑟尔梅尔（1948 年）、巴利（1991 年）、锡格尔（2006 年）等各大重要的历史和文化中心纷纷建成了新的博物馆。与此同时，斋浦尔的萨瓦·曼·辛格市政大厅博物馆也在建设中。

1958 年至 1962 年，R. C. 阿格拉瓦拉在瓦嘎–梅瓦尔和阿布山地区附近发掘出了一批公元前 8 世纪至前 6 世纪前后的重要雕塑作品。这些宝藏充分展现了古吉拉特邦和拉贾斯坦邦昔日盛行的独立的印度西部艺术风格。乌代布尔和栋格尔布尔的政府博物馆里收藏、展示了雕塑，它们的造型或可爱或极具艺术效果。这些雕塑都是由当地所产的帕雷瓦即绿片岩制成的。瓦嘎地区的阿姆哈拉、坦尼萨、纳瓦尔斯海姆和卡兰普尔，梅瓦尔的凯杰德和萨加特，以及阿布山的德文加纳等地区都出土了大量雕塑。自 1959 年开始，考古和博物馆部门开始组织抢救、收集这种材料制成的雕塑，并将其收藏在萨米提村务委员会内，即栋格尔布尔政府办公室。到 20 世纪 70 年代后期，栋格尔布尔的两位王子拉克什曼·辛格王公和甘德拉·辛格博士为了充实博物

牛车，木质和黏土，20世纪初期，焦特布尔博克兰村，24×27cm，萨达尔博物馆，焦特布尔，编号179/1408

图中这个精巧的牛车模型充分展现了马尔瓦黏土工艺品的精妙之处。雕塑中的两头公牛壮硕无比，驾牛车的人面部表情也塑造得清晰可辨。模型制作工艺精巧，生动地体现了车夫娴熟的驾车技术。博克兰村盛产各种陶俑制品，烧制出的车夫形象极具创意、栩栩如生。该地区的人们曾为祭奠英雄拉姆多吉制成陶马，这些珍贵的陶制品充分展现了该地区工艺的精美与卓越。

馆馆藏，将他们全部的私人考古藏品赠送给了当地博物馆。这些珍贵的收藏中不乏精良的雕塑和碑铭等。

自1954年至1955年，R. C. 阿格拉瓦拉领导一队斗志昂扬的年轻官员展开了科学探究，分别发掘了位于乌代布尔的阿哈尔、坦巴瓦提和多尔科特地区的遗址。在知名考古学家H. D. 桑卡利亚博士的指导下，考古与博物馆部于1961年至1962年间开展了大规模挖掘工作。在这一过程中，他们发现了一处遗址非常特殊，具有石器时代特征，即存在整体漆成黑色或红色的陶艺作品。此次文物探索和伟大发现也成为印度国家考古史上的里程碑。

阿布山地区能建造博物馆，离不开拉贾斯坦邦前省督桑普尔南德博士不懈的努力和慷慨的资助。桑普尔南德博士划拨省督宅邸土地，用以建造艺术展览馆，并于1962年10月18日亲自为其奠基。展览馆经过精心设计，整体采用帕玛

湿婆半女之主相，铜，印度南部，20世纪，50cm（高），德文德拉·库马里博物馆，栋格尔布尔，编号4

　　湿婆的半女之主相是湿婆和莎克蒂的合体。雕塑里，天神正站在莲花座上翩翩起舞，脚边有一名矮小的信徒在吹奏小号。雕刻者在制作这座雕像时，运用了印度金属雕刻师常用的失蜡法，同时在铜像表面完成了很多精巧细节的处理。

拉式建筑的风格。早在中世纪时期，阿布山地区就已是帕玛拉艺术的伟大中心区域。这座展览馆收藏有从该地区各处帕玛拉艺术中心发现的雕塑和书法作品。1966 年 11 月 27 日，桑普尔南德博士亲自宣布，展览馆向公众开放。此后不久，青铜器和雕刻的石板也纳入展馆馆藏中。

1968 年，奇陶加尔的法塔赫·普拉卡什宫殿和门德索尔花园的扎纳宫殿分别建成了当地的博物馆，以收藏当地的古董宝藏。此后，印度考古调查部门在奇陶加尔地区发现的雕塑和铭文也被纳入到了馆藏里。

回顾过去的 120 年历史，拉贾斯坦邦建起了多座博物馆，馆藏不断丰富，博物馆在发展过程中也取得了令人瞩目的成果。随着时代的发展，这些博物馆不再是专门用以储存展品的"玩偶之家"，而是逐渐发展成为文化历史中心，不断壮大繁荣，以满足不同的时代要求。

最初，只有成年人愿意参观博物馆。不过现如今，许多青少年也会来到这里欣赏展廊里陈列的各种艺术品，希望可以增长知识和阅历，激发创造力，提升艺术品位。参观者也得以研习各种文献作品，并通过体验馆内的各种视觉辅助工具进行欣赏。体验馆可以让学生们得到不同的体验，这种体验和馆内的标语一致："既然无法让博物馆走进学校，我们就让学校走进博物馆。"无疑，博物馆近些年来不断变换角色，时时刻刻与时代保持同样的步伐是非常让人振奋欣喜的趋势。

对艺术家、设计师以及学习历史和工艺的学生而言，博物馆的存在非常重要；对于有些游客来讲，由于游玩时间有限，他们希望能在短短的旅途中欣赏尽可能多的历史文化标志，各国的博物馆无疑是这些游客的绝佳选择。在这里，参观者徜徉在华美的建筑中，轻轻松松地便可以了解到当地艺术和文化。游客们参观一场组织得当的展会，欣赏注释清楚明确的展品，便可在短短的一小时内学到可能需要平时一个月才能学到的知识。

这些博物馆如今如此繁荣，必然离不开当地贵族、政府的赞助和支持。政府的大力支持足以维系博物馆的发展，不过，现在许多博物馆也在积极地寻求各大社会和教育机构、公司的资金资助，希望可以更为繁荣。博物馆业的繁荣促使印度以丰富的历史文化把更多不同地区的人们聚集到一起，领略印度源远流长的历史。

火药瓶，动物皮，阿尔瓦尔，19世纪，20.5×7.5cm，城市宫殿博物馆，阿尔瓦尔，编号25/4b

　　这种用来装火药粉末的长颈瓶呈现鱼形，用皮革制成，表面镶嵌有海象的象牙。虽然这种瓶并不实用，但是人们还是将其设计得非常精美，作为进献国王或是馈赠好友的礼物。宫廷里的能工巧匠用珍珠母、海象牙和象牙等材质精心装饰这种火药瓶，将其进献给国王和大臣。

破损的雕塑，石，科塔，8世纪，29.8cm 编号1068

经考古学家 U.C. 巴塔查亚辨识，这尊雕刻精美的雕塑残存应为伐楼拿神像。不过，就雕像的姿态、带着精美脚镯的双脚和衣裙的皱褶看来，这尊神像也很可能是恒河女神，她的坐骑是一条鳄鱼。这座雕像是在科塔的达拉地区发掘出土的。

拉杰普塔纳博物馆的馆藏十分丰富，馆内收藏的珍宝主要来自皇室、贵族和地方首领的慷慨捐赠。几十年来，考古人员不断推动着阿杰梅尔地区开展考古遗址的探索工作，不断充实着馆内的馆藏品，吸引着广大游客前来参观。

　　拉杰普塔纳博物馆里最珍贵的藏品包括湿婆教、毗湿奴派、耆那教派的多座雕塑和石像。馆内展出的各种考古遗存、石刻铭文、铜板、铸币和展现鲜明哈拉帕文化特色的物品都是馆内的无价之宝，也令博物馆大放异彩。

　　博物馆坐落在阿杰梅尔堡内。这座古堡历史悠久，其筑造也大有历史渊源。当年，为祭奠著名的苏菲主义圣人莫伊努丁·基斯蒂，莫卧儿皇帝阿克巴（统治期为1556—1605年）下令修筑了著名的阿杰梅尔堡。也正是在这座古堡里，托马斯·罗爵士将其身份凭证呈递给当时的统治者贾汗季（统治期为1605—1628年），自此，英国势力开始渗透到印度。

　　20世纪初，大英帝国在统治印度期间，主导建立起拉杰普塔纳博物馆。这一项目的策划工作交由印度考古总监约翰·马歇尔爵士。这位总监非常重视该项工作，也提出了各项必要建议，并在博物馆建造过程中起到了极为重要的作用。1908年10月19日，拉杰普塔纳总督代理人埃利奥特·科尔文宣布博物馆建成。

　　在多方努力之下，博物馆的馆藏日渐丰富。其中最为著名的人物应属博物馆的创始人兼馆长高利·桑卡尔·希拉·昌德·奥哈博士。这位馆长是知名的历史学家、语言学家、梵语学者，对印度文化一直保持着浓厚的兴趣，为博物馆做出了巨大的贡献，直到1936年退休为止。他还曾担任知名学者、梅瓦尔地区历史学家卡维拉贾·夏玛尔达斯的助手，并接受其培训。奥哈博士很喜欢旅行，为博物馆搜集来大批珍贵的文物。印度的考古学家亚历山大·卡宁厄姆博士、ACL.卡莱莱、D. R. 班德哈卡尔和 R. D. 班纳吉也为不断增添博物馆馆藏做出了巨大贡献。奥哈博士退休后，由 U. C. 巴塔查里亚担任新的馆长，直到1961年。新馆长对该地区展开了充分调查，随后出土了多件重要文物，也搜集来许多珍贵的古董。

　　博物馆里收藏着许多珍贵的古董：1915—1916年间，D. R. 班达伽博士在那格利和奇陶加尔古代遗址多次开采文物的过程中发现的松加-贵霜陶俑，在古班斯瓦拉的萨瓦尼亚发现的大量克沙特拉普钱币、罕见的雕刻石板，以及在阿杰梅尔的阿德海-丁-卡扬普拉遗址发掘的神像雕塑等。此后几年，更多的纺织品、武器装备和当地手工艺品也汇入到馆藏之中。

　　1956年11月，阿杰梅尔和梅瓦尔地区合并成为拉贾斯坦的新建邦，拉杰普塔纳博物馆也归为拉贾斯坦政府考古与博物馆部的一部分。

上图

纳瓦拉哈，黑石，巴吉拉，11—12世纪，50.8×31.8cm，编号358

　　雕塑塑造了毗湿奴化身成公猪筏罗柯的形态。主神单腿弯曲，呈站立姿态。他的右脚稳稳地站在地面上，左腿弯曲站在由两条大蛇托起的莲花上，展现出神圣而高贵的姿态。他的身后雕塑着圆光和莲蓬。筏罗柯身披花环，手持法螺、善见神轮和金刚杵，腰间佩戴一把匕首。大地女神刚被他从大海之中拯救出来，此刻正优雅地盘坐在他的肩膀上，紧紧地握住筏罗柯的獠牙。

左图

躺在沙哈依身上的毗湿奴，黑石，吉申格尔，19世纪，90cm，编号1713

　　毗湿奴躺在正盘成圈的神蛇沙哈依的身上，拉克什米女神正坐在他的脚边。毗湿奴的四只手姿态各异，肚脐位置生出一枝莲花，花瓣上面托着造物主梵天。

右图

林戈巴瓦，红石，锡格尔的哈什纳塔，10世纪，111.8×48.3cm，编号374

这个雕塑讲述了《湿婆·帕尔瓦蒂》中"林戈巴瓦"的故事。故事里，毗湿奴和梵天正试着探索湿婆林伽的源头和尽头——一直以来，湿婆也因强大的林伽而深受人们的崇拜。两位天神对湿婆的林伽也非常好奇，故而梵天向上、毗湿奴向下，想找到林伽的尽头。马拉达里尼·甘达尔瓦等人也在场。这件杰出的作品出自乔汉王朝的早期，1913年被考古学家 D.R. 班达伽发现。但是不幸的是，雕塑中林伽的顶部缺失了。

下图

耆那教祖师残像，黑石，巴罗达村，约1597年，22.8×26.6cm，编号426

这座雕塑塑造的是一位盘坐的祖师形象，底座以铭文刻有时间，显示雕塑大约是在公元1597年完成的。雕像是在拉贾斯坦地区南部的巴罗达村庄发现的，1915年被博物馆收购。

站在基座上的和尚，黄铜，普什卡，18世纪，23.8cm，编号535

图中的雕像是普什卡一座寺庙里的陪祀。和尚的双臂微屈，似乎正在为主神托着什么。他已经剃度了，只头顶中间留了些头发，绾成小髻。

阿吉特纳斯，铜像，普什卡，1510年，33×21cm，编号1736

这座雕塑十分精美。塑像中第二任渡津者阿吉特纳斯正盘坐在莲花座上。他的身后站着五个小人，这五位都是他的追随者。亚卡莎·马哈巴拉和雅克士·阿吉塔巴拉站在基座的角落里。

刀，燧石，摩亨佐达罗，前3000—前2500年，8.26cm，编号1562

图中的平行双刃刀是由一块核心呈凹槽状的石头打磨而成的，凸显了哈拉帕文化。这种刀主要用来切割或者砍东西，这种制作刀刃的技艺自旧石器时代晚期便已经出现了，一直持续到青铜时代（公元前3000年）。这把石刀于1925年出土，1940年被博物馆收购。印度次大陆的所有哈拉帕遗址都有发现此种刀身稍长、刀刃呈平行状的工具。

铭文，黑石，阿杰梅尔，
12世纪，30×30cm，编号451/1

右上图的铭文中记载了湿婆主神和女神帕尔瓦蒂之间的浪漫爱情，是由乔汉国王维格拉哈·拉吉·德瓦写就的。1910年，这块铭文出土自阿海·丁·卡·冈帕拉——阿杰梅尔的一处著名清真古寺。

铭文金属板，铜质，班斯瓦拉县，1019年，33×25.4cm，编号330

右下图的铭文中记述了国王博杰德瓦在庆祝征服康卡纳的典礼上，将巴罗达市的瓦塔帕德拉卡村100比加的土地（1比加约为0.4公顷）赠给瓦曼的儿子婆罗门·巴伊拉。同时铭文中也记录了马尔瓦帕马家族从希哈德瓦一直到博杰德瓦国王期间的谱系。

第35页左上图

穿孔陶罐，红陶，摩亨佐达鲁，前2000年，5.1cm，编号1433

图中展品为哈拉帕时期制成的一个粗糙的穿孔陶罐，罐身为长圆柱体。制作时，匠人将陶土胚置于慢轮上，待其表皮硬化后对陶罐穿孔。这些穿孔陶罐可视为哈拉帕时期陶器工艺成熟的标志，由S形陶罐演化而来。不过，这种陶罐的用途暂不清楚。

第35页右下图

小陶罐，红陶，摩亨佐达鲁，前2000年，7.6cm，编号1488

图示的小陶罐罐胚呈S形，罐肚的位置向外突出，这也是哈拉帕陶器的典型特征之一。陶罐表面有着明显的条纹状擦痕，证明它很可能是在慢轮上成型后烧制而成的。藏品的上缘部分断裂，看上去很可能是用来储存液体的。

木屐，檀香木，斋浦尔，19—20世纪，24.1cm，编号1303

上图的精美展品是由檀香木雕刻而成的木屐。它是一种附带脚趾扣的凉鞋，只有男子才能穿这种木屐。这种鞋子可以在室内穿，较为方便，况且，当时许多家庭不准人们在屋子里穿皮革制凉鞋。这种木屐通常雕刻有非常精美复杂的花纹，内里镶嵌着象牙、珍珠母、银线和铜线，有时候也会涂上油彩，皇室和祭司阶层的人们多穿比较昂贵的木屐。

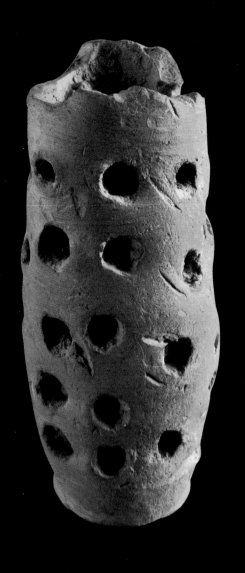

饮鸦片的人，纸本水彩画，
斋浦尔，19世纪，30.5×21.8cm，
编号1211/14

　　印度的画家们非常喜欢选择将食用鸦片饮品者作为绘画内容。在这幅画作里，他们手持宝剑或其他武器，正在疯狂地追逐一只老鼠。水彩画中间偏上的位置，一位女士坐在店里忙着煮着什么，而她的身后坐着一名男子。背景里有一口大锅，里面装满了鸦片饮品，以准备招徕顾客。

　　左图
欧洲人的画像，水彩画，阿杰梅尔，18世纪末期，
30.5×22.9cm，编号1211/9

　　这幅画像洋溢着浓厚的莫卧儿时期的风格，画面背景朴素而阴暗，画作周围有一圈窄窄的花边画框。自17世纪开始，印度艺术家们经常能见到欧洲人，小镇里也时常会有欧洲游客和英国东印度公司的职员到此参观。画中这个不知名的欧洲人很可能便是来自东印度公司的某个职员。

《阿克巴二世的皇宫》，莫卧儿风格，德里，1810年，49.5×39.4cm，编号595/1014

  莫卧儿王朝的阿克巴二世（统治期为1806—1837年）是名义上的统治者。这幅作品展示了皇帝、皇帝之子贾汗季和萨利姆王公，以及众朝臣的画像。画面中还有英国国民大卫·奥克特洛尼的身影。这幅作品于1810年由宫廷画师阿扎姆绘制而成，一经完成，便被认为是19世纪初期最好的作品之一，同时这也是莫卧儿王朝后期绘画风格的典型代表。

阿尔瓦尔努鲁卡家族的统治者素来以眼光敏锐、品位高雅著称。当地王室经常出资赞助当地的工艺品制作，并下令从德里及其他地区的商人手中搜集各种艺术品。阿尔瓦尔的城市宫殿博物馆里收藏的莫卧儿帝国和拉杰普特地区的著名画作，最早可追溯到18世纪、19世纪。馆内还收藏有波斯语、阿拉伯语、乌尔都语和梵语的珍贵古代手稿，其中还有非常珍贵的巴布尔皇帝的自传《巴布尔回忆录》和《博斯坦》的波斯语手稿。此外，博物馆内还收藏了阿尔瓦尔派一位画家绘制的《马哈拉哈拉》的一幅复刻品和大量武器装备等。

18世纪，维奈·辛格王公（统治期为1814—1857年）将都城从杰加尔迁移到阿尔瓦尔，并在新都城里兴建手稿藏书馆、绘画部和军械库。维奈王公非常喜欢刀剑和其他武器，其麾下也有多名武器制造工人专门为他服务。同时，他也时常向莫卧儿工匠求教。这些宝剑的刀刃都是用当地生产的一种非常坚韧的钢材制造而成的。博物馆馆藏里有一把来自荷兰的瓦兰德吉剑和一把鸢尾叶形状的索桑帕塔剑，非常引人瞩目。

维奈·辛格在莫卧儿王朝衰落后，将散落在德里的文物遗存搜集起来，纳入了自己的收藏库里。库里的其他罕见而无比珍贵的插画手稿、绘画作品、艺术珍品、古代的军备器械等一起，充分展现着辉煌灿烂的历史文化。王公也会不时将其收藏的珍贵宝藏展示给重要的国宾和王室成员。

王公的私人宝库中收藏有一份附有18幅插图的《巴布纳玛》手稿，这也是一件绝妙的佳作。这本书稿是在1530年完成的，当时正是在胡马雍统治时期。此书起初用土耳其文写成，后由贝拉姆·汉翻译成英语。依照维奈·辛格王公的命令，画家们也为萨迪的诗集《古丽斯坦》附上了插图。成书书页被精心装饰，大致有17页配上了彩色插画。此外，宝库内也有许多《古兰经》的抄本，大多以鲜明的图案精心装饰。

在特·辛格王公（统治期为1937—1947年）统治期内，阿尔瓦尔的总理哈维少校为收藏这些珍品而在宫殿内修建了博物馆。这座博物馆于1940年11月向公众开放，吸引了大批游客前来参观。

《巴德里·埃·穆尼尔》，纸上绘画作品，莫卧儿时期画派，1832年，40.6×27.9cm，编号447/826

　　这幅作品是基于19世纪小说《巴德里·埃·穆尼尔》绘制而成。小说以诗歌形式写成，记述了巴德里·埃·穆尼尔王子和他的挚爱比－纳齐尔之间忠贞不渝的爱情，其作者是来自勒克瑙的米尔·哈桑。这部书稿生动地展现了19世纪的文化生活，全书总共115页，其中10页配有插图。默罕默德·巴赫什是配图的作者。在图示的配图里，王子在河岸边上，身边围满了仙女。

头盔与甲胄，钢质，德里，18世纪，
76cm，编号K-7-107/-1

　　图中的甲胄和头盔的边缘都镶嵌
有金边，是以一种特质的钢材制成的。
半球形的头盔上带有一片鼻甲，可以
用来保护佩戴者的鼻子。头盔上有两
处特别的设置可以用来插配羽毛，顶
端上还有一处可以插上一把剑。头盔
内部衬着红色的天鹅绒。此头盔的设
计非常精巧，片甲从双耳部分垂下来，
但中间留出了空隙，露出佩戴者的眼
睛和嘴巴。这种甲胄又被称为萨达里，
佩戴者可以护住腰腹。这副铠甲可以
从前面打开，分成两片。

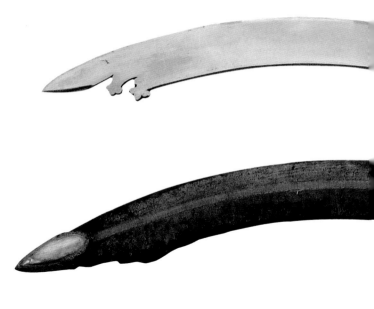

右图

舒图尔穆格·加丹·萨卡拉，宝剑，钢质，阿尔瓦尔，1855年，97cm，编号Ka 5-12/Kha 79

图中展示的是一把特制的宝剑，由萨克拉钢锻造而成。刀刃的曲线很像驼鸟脖子的形状。这种萨克拉钢的硬度，以一句印度俗语描述再合适不过了："腰配萨克拉钢，独行千里也无妨。"

下图

阿克哈拉季·沙希，宝剑，钢质，布尔汉普尔，19世纪，94cm，编号Ka4-11/Ka31

图中宝剑的刀刃为钢质，刀柄上刻有文字"斯里·巴尔德瓦吉·萨海·斯里拉贾·巴赫塔瓦·辛格·纳鲁卡"，证明这把宝剑属于阿尔瓦尔的纳鲁卡国王。剑鞘由红色的天鹅绒制成，镶嵌有黄金。

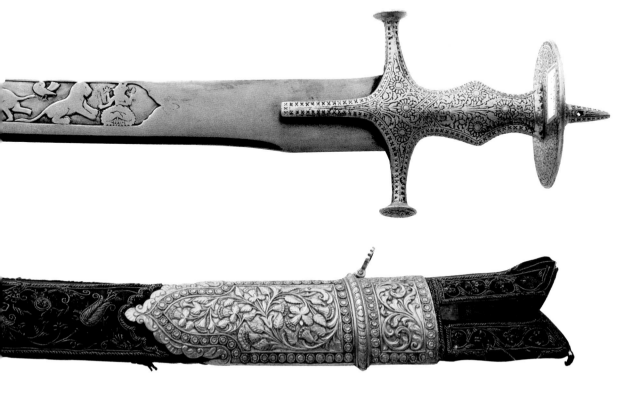

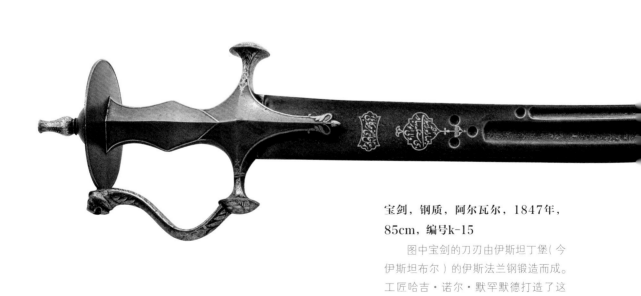

宝剑，钢质，阿尔瓦尔，1847年，
85cm，编号k-15

　　图中宝剑的刀刃由伊斯坦丁堡（今
伊斯坦布尔）的伊斯法兰钢锻造而成。
工匠哈吉·诺尔·默罕默德打造了这
口宝剑，并将宝剑主人维奈·辛格王
公的名字雕刻在剑身上。

维拉亚蒂-库拉萨尼，宝剑，钢质，呼罗珊，18—19世纪，94cm，编号Ka4-11/Ka32

图中的宝剑来自波斯，最初是皇家的珍藏品，现收藏在阿尔瓦尔的城市宫殿博物馆之内。这把剑的剑刃由强韧的水纹钢制成，匠人还在连接刀柄和刀刃的位置镶嵌了染色的象牙。

卡塔尔，匕首，钢质，18—19世纪，49cm，编号（k）-A-5/（K）7-22

    这把匕首的两面都刻画有狩猎的场景，是一把专门在仪式场合中使用的武器。图示的这一面雕着四个人，每个人都在捕猎一种动物。有人用宝剑猎杀狮子，有人用弓箭射鹿，有人放鹰捕鱼，有人用矛刺野猪。猎人们或是骑在马背上，或是疾步奔跑。匕首的另一面刻画有相同主题，不同捕猎场景画面。匕首上的浮雕图案极为鲜明精妙，整体呈现出典型的本迪风格，是由本迪的一名匕首匠人精心打造成的。

纳杜亚·阿勒曼尼，宝剑，钢质，19世纪，98cm，编号k-4-16-k-62

    图中的这把宝剑由法兰钢打造而成。在宝剑的上半部分，匠人以大马士革钢生产法在其表面镀上了金色花纹，并在把手位置制造出恒河和贾木纳河（金色和银色的拉哈里亚）的图案作为装饰。这件宝物曾是皇家军械库的藏品，后来转赠给了博物馆。

切里，刀，钢质，德里，19世纪，42cm，编号K6-56/Sp-13

    图中展示的是一把伊朗（波斯）切里刀，从德里获得。这把刀曾被收藏在皇家军械库之中，后来转赠给了博物馆。

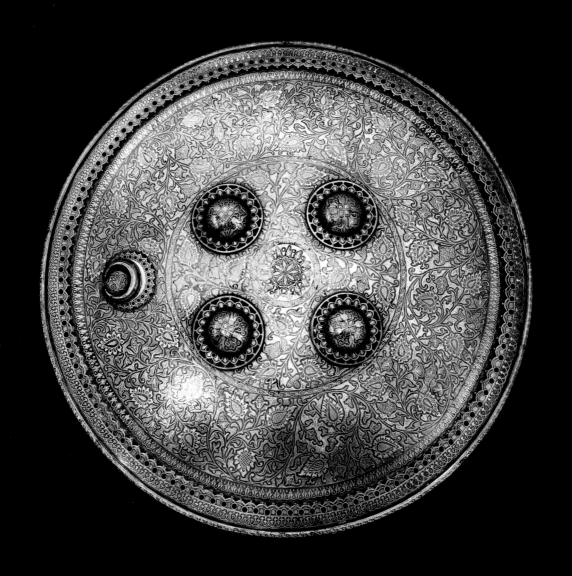

达尔，盾牌，铁质，阿尔瓦尔，19世纪，45cm（直径），编号K7-79/K-6

    图中展示的盾牌表面布满了叶子形状的图案，中心有四个圆形和一个新月形的主图案。打造盾牌的匠人以金银二色象征着恒河和贾木纳河，通过大马士革钢生产法镀上图案。当时的战争中所用的盾牌多以钢铁或其他金属铸造，也有盾牌是以木材、混凝纸浆和动物皮毛为原材料的。仪式上所用的盾牌大多装饰得华丽而精美，经过匠人精心涂漆，并且镶嵌以金银做装饰。很显然，图中这面盾牌的作用并非用于实战。

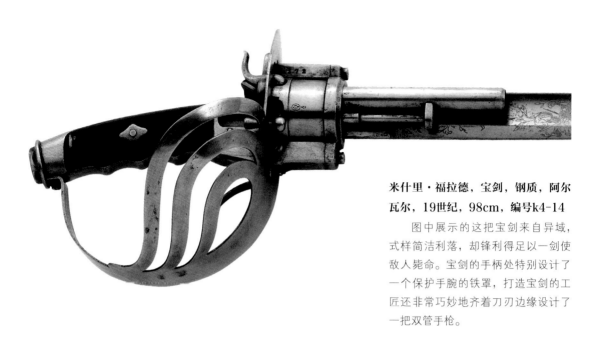

米什里·福拉德，宝剑，钢质，阿尔瓦尔，19世纪，98cm，编号k4-14

图中展示的这把宝剑来自异域，式样简洁利落，却锋利得足以一剑使敌人毙命。宝剑的手柄处特别设计了一个保护手腕的铁罩，打造宝剑的工匠还非常巧妙地齐着刀刃边缘设计了一把双管手枪。

披萨塔·帕塔卡拉，多枪管手枪，钢质，阿尔瓦尔，19世纪，22cm，编号K1-82/ Kh-222/22

图中展示的这把多枪管手枪共有四个枪筒，枪把还设计了一个嵌入式结构。这件展品原存放于阿尔瓦尔的皇家军械库。

库比·巴鲁·吉，火药烧瓶，
木材和象牙，阿尔瓦尔，19世纪，
11×12cm，编号BN 25/4a

　　图中的火药匣子呈贝壳状，是由
木材和动物皮毛共同制成的。其表面
装饰非常精巧，镶嵌着象牙制品。这
件宝物很可能是一份献给国王的礼物。

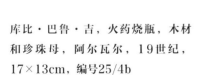

库比·巴鲁·吉，火药烧瓶，木材
和珍珠母，阿尔瓦尔，19世纪，
17×13cm，编号25/4b

　　图中的火药匣子设计得极为精美，
同样也呈贝壳状。这个火药匣子主要
做装饰用途，并非实战装备。

卡拉曼丹，钢笔匣子，木材和象牙，印度南部，19世纪，36.8×26.7cm，编号222

　　图中展示的匣子是由檀香木制成的，盖子呈拱形，匣子的表面装饰非常精巧，并以象牙做装饰。这种钢笔匣子里面设置了单独几个区域，分别用来放置钢笔、纸张、墨水瓶和尺子等物品，可以充分满足作家的需求。匣子的盖子上采用的这种象牙装饰法又叫五彩拉毛粉饰法，与普通的镶嵌法大不相同：匠人先是在匣子表面涂上一层紫胶，中心部分熔融凝固象牙饰品，随后刮去多余的紫胶部分，最终形成装饰层。

维纳，印度古乐器，木材，阿尔瓦尔，18世纪，140×47.5cm，编号1

图中的乐器工艺精湛，非常华美，整体以金饰和象牙做装饰。琴上总计有 7 个弦钮和 20 根琴弦。

马丹德瓦的有铭文的石碑，石质，杰加尔，959年，45.7×40.6cm，编号1

图中的碑文总共有 23 行，以梵文写就，字体为库提拉字体。碑文记载了在公元 959 年，马丹德瓦的国王为纪念其已故的母亲拉克丘，特意在维亚拉帕塔克建造了一座拉赫库湿波摩诃提庙。这段文字由石匠达度写成，石匠哈林雕刻完成。这块碑是在拉杰尔的拉贾拉赫古堡发现的。

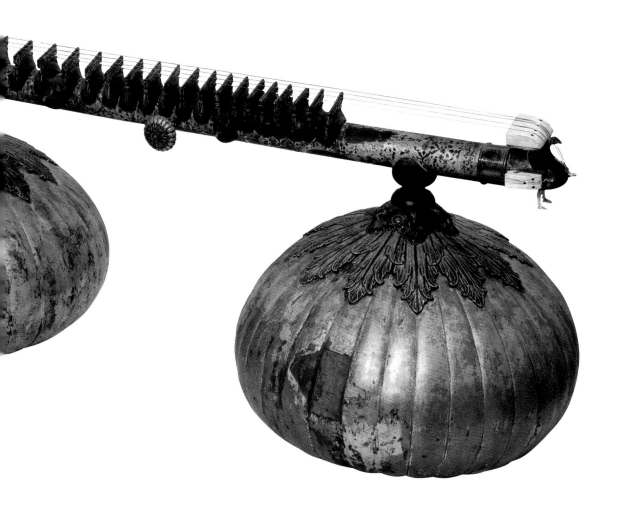

有碑文的石碑，石质，纳瓦甘瓦，1581年，
40.6×45.7cm，编号9

　　图中碑文部分主要记载了在纳瓦甘瓦小镇
上，纳瑟恩·达萨尔有两个儿子，分别叫沙赫巴
兹·汗和萨瓦尔·汗·卡罗里。两人共同挖了一
口水井，这水井所有权也属于他们。这块碑文总
共有8行，第一行是阿拉伯文，其余部分都是波
斯文，以纳塔利克字体书写。

《古经》手稿，纸质，19世纪，30.5×20.3cm，编号784

　　图中的圣书手稿总计 472 页，作者在书页中间以深蓝色字体誊写阿拉伯经文，用红色字体写成波斯语译文。在书页的边缘处以斜体字体写有评论，在页面顶部以浅蓝色字体写有题目。本书仅引用了手稿中的两页。

这份珍贵的书稿复制品是维奈·辛格于公以 3000 印度英镑和一件礼服的代价从一名旅行者手中购得的

《古丽斯坦》，纸上水彩画，阿尔瓦尔，1856年，34.2×17.8cm，编号600

　　图示的水彩画非常精美，再现了诗人谢赫·穆斯利胡德·丁·萨迪（又名《蔷薇园》）在公元1258年
创作的诗作《古丽斯坦》中的场景。这部作品总共有287页附有插图，其中有17页为彩色插图，全书总共
分为八章。这部作品是依照维奈·辛格王公的命令，由阿尔瓦尔的巴尔德奥、德里的艺术家乌拉姆·阿里·汗
和书法家阿哈·米尔扎共同完成的；边框部分是由阿尔瓦尔的旁遮普的内萨·沙赫和阿尔瓦尔的阿卜杜勒·拉
赫曼共同完成的，书稿的装订由阿卜杜勒·拉赫曼完成。

《列王纪》，纸质，17世纪，30.5×
10.2×22.9cm，编号114

　　古伊朗时期诗人菲尔多斯写下了
著名的波斯史诗《列王纪》，于公元
11 世纪完成创作。之后不少人都曾复
刻过这部史诗。本书选用的是 17 世
纪的复制品，总共有 474 页，其中 19
页带有彩图的插画。图片展示了书中
的两页配图。

乌玛和玛亥希（湿婆），浅黄色砂岩，卡马村，8世纪，110.3×76.2cm，编号297

　　在图示的雕塑中，女神乌玛和玛亥希（湿婆）主神分别坐在巴德拉皮塔上。这对夫妻的儿子葛内舍和室建陀骑在各自的坐骑上，分列在两位神祇的身边。圣人布林吉正在翩翩起舞，几名女侍者和天上乐师乾闼婆也围在主神左右。此外，匠人还在整体雕塑中绘制出四名湿婆林伽的追随者。乌玛和玛亥希左右手的角落处分别雕刻出主神梵天和毗湿奴。整面雕塑精雕细琢，具有独一无二的研究价值；构图、布局等极为精妙、非常值得学习和关注。雕像中的人物栩栩如生，雕塑上的攀缘植物和云彩也颇具动感和美感。

罗哈格堡博物馆富丽堂皇，公元 1733 年，在苏拉马尔王公统治时期建成，坐落于昔日珀勒德布尔王国的罗哈加尔堡内。馆内收藏着多座印度雕塑、中世纪武器装备等旷世珍品。这座华美的建筑一直都是珀勒德尔地标性的建筑。其名"罗哈格"的意思正是"钢铁城堡"。

馆内展示有多座不同历史时期的雕塑，其中包括从圣加 - 库沙纳时期（公元前 2 世纪—公元 2 世纪）到 17 世纪的塑像。馆内比较有代表性的珍品有：

库沙纳时期（公元前 1 世纪—公元 1 世纪）的弥勒菩萨像、公元 4 世纪的一尊巨大的夜叉像、阿格布尔地区松加时期（公元前 2 世纪）的埃克穆希——单面湿婆林伽像、在诺和地区发现一尊笈多时期（公元 4 世纪—5 世纪）的名为卡尔扬·桑德尔·穆尔蒂的塑像（主要描绘了乌玛和玛亥希喜结连理的场景），还有一尊公元 1020 年的耆那教主帕什瓦纳斯塑像。此外，馆内还收藏有其他珍贵的展品，包括一些在巴亚那附近发现的笈多时期的雕花金币，还有公元 7 世纪至 12 世纪的碑刻等。

罗哈格堡博物馆也是中世纪的武器和装备库，收藏有印度皇家军械库中的火器。这些武器装备价值连城，也具备极高的历史研究价值。

同时，馆内珍藏有其他能充分展现 19 世纪生活方式的珍贵

罗哈格堡宫殿内的浴室，装饰仿土耳其式。从此照片可以看出，该浴室室内装饰华美，墙面和屋顶经过精心雕饰，极为美丽。这间浴室至今仍旧维护良好。

物品，博物馆所在的罗哈格堡觐见室也可称为18世纪建筑的典范。城堡内设有土耳其式浴室，屋顶和墙壁均雕刻着精致的拉贾斯坦工艺阿拉希花饰。这间浴室至今维持着良好的状态。

在博物馆珍贵的藏品中，有一组由20世纪初著名摄影师拉拉·德丹亚尔拍摄的照片。这组无比珍贵的照片记录了许多王室的珍贵瞬间，并定格了多位显赫人士参访拉贾斯坦邦的重要时刻，也因此被收录于博物馆中。其中有数张照片记录了1902年寇松勋爵访问拉贾斯坦邦、1933年某位公主大婚典礼的场景。

布里金德拉·辛格王公在其任期时（统治期为1929—1949年）提出了设立罗哈格堡博物馆的想法。王公非常热衷于收集各种石雕，并将收集的珍品陈列在公共图书馆的一间屋子内。皇族官员拉瓦特·查图胡杰·达斯·查图尔维迪在王公的资助下，在各地收集各种石雕和建筑遗存，不断充实王公的私人珍宝库。这些宝物后来一直收藏在城堡之中，1944年11月11日正式向公众开放。查图尔维迪担任该博物馆的创始人兼首位馆长。

自珀勒德布尔归并于印度联邦开始，皇家富丽堂皇的觐见室展厅卡恰哈里·卡兰、王公私人客厅卡马拉·卡斯和军械处武宫均被纳入罗哈格堡博物馆之中。

萨瓦托巴德拉站立像，砂岩，贾吉那村，笈多时期，78.7cm（高），编号3

这尊雕像的制作者在砂岩柱上雕刻出四名大体相似，编着发辫的耆那人物，分别面向四方。站在榕树下的人物正是耆那教第一代祖师阿迪纳塔或里沙巴纳塔。雕塑作品整体呈现出迪甘巴拉风格。祖师的脚下有几名持拂尘者分别列于两侧，头顶的角落里则塑造出几名手持花环的持明（又称吟唱诗人）。这幅作品称得上是中世纪杰出的艺术之作。

柱子，砂岩，马图拉附近的鲁布巴斯，10世纪，编号230

　　图示的柱子上共雕有六块水平面板，分别雕刻有五个关于湿婆故事的画面，而湿婆的形象雕刻在最上面一块面板上。鲁布巴斯是崇拜湿婆的中心地区，人们在该地发现了许多有关湿婆主题的作品。

骑在飞奔骏马上的骑手，石质，谢尔格尔，12世纪，58.4cm（长），编号59

　　图中的雕像有部分破损，但透过精心雕刻的马鞍和缰绳，仍能感受到匠人的精妙技艺，令参观者得以一览中世纪时期精湛传神的艺术工艺。

扎法尔·塔基亚，宝剑，钢质，18世纪，61cm（长），编号137

　　这把扎法尔·塔基亚又名"胜利之剑"，剑身并不长。剑柄处仿照手杖的手柄，使得此剑也可作为手杖支撑身体。

玩具狗，陶质，诺村，贵霜王朝时期，编号60/48

　　图中这只手工制成的陶艺狗历史悠久，可追溯到公元1世纪，大概是为孩子们设计的玩具。诺村是极为重要的考古遗址，位于珀勒德布尔的西部。该地出土了许多陶艺品，其中包括玩具大象、骏马和小狗等，大多的陶制品是在公元前3世纪至公元5世纪这一时期制成的。

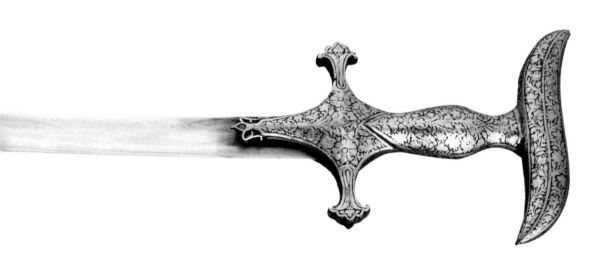

左图

金币，标准样式，笈多时期，350—370年，编号114

图中这枚金币是在巴亚纳遗址的呼兰普拉发现的，大约是在塞建陀笈多时期（公元455—467年）被埋到了地下的。

正面：主人物左手下面以婆罗米文竖直写有"萨穆德拉"。可知金币由萨穆德拉·笈多印发。周围的字样看不清楚，大致写的"萨马萨特维塔维贾亚·吉塔利·帕拉吉托·迪瓦姆·贾亚蒂"。

背面：人物右手侧以婆罗米文写着"普拉克拉玛"。

右图

金币，骑手图案，笈多时期，376—414年，编号322

正面：一位女神坐在神座之上，右手持有一个套索。右侧的字迹不太清楚，据推测，大致写着"阿吉特·维克拉马"。此类硬币大致是在钱德拉·笈多二世在任期间印发的。

背面：一位国王骑在马上，四周的字样有部分可以看得清楚，大致写着"帕拉姆巴加瓦托·马哈拉贾迪拉贾·斯里·钱德拉古帕"。

左图

金币，猎狮者类型，笈多时期，376—414年，编号116

    正面：金币是在钱德拉·笈多二世统治期内发行的，四周的字样已然看不清楚了，依稀可以看到上面写道"德瓦斯里·马哈拉贾迪拉贾·斯里·钱德拉古帕"。

    背面：金币右侧区域写着"西姆哈·维克拉玛"，有些字母已经难以辨识。

右图

金币，苏丹维，弓箭手样式，笈多时期，
415—450年，编号119

    正面：弓箭手左手边下侧以婆罗米文字写着"库"。金币周围的字样有些地方部分断裂，仅剩几个字母可以看得清楚。这类金币上写有"贾亚蒂·马希塔兰·斯里·库马古普塔·苏丹维"，可知大致是在库马尔·笈多一世统治期印发的。

    背面：女神拉克什米盘腿坐在莲花座上，右手拿着一只套索，左手持着一枝莲花。右侧的区域以婆罗米字体写着"斯里·马里恩德拉"，只是部分字母已经有些模糊。

狮子头，陶制品，蒙达，笈多时期，4世纪，高约10.2cm，编号277 BM

　　图中的狮头陶艺制品眼珠凸出，口鼻和鬃毛细节非常清晰，充分展现了艺术家高超的技巧。此外，人们在蒙达及周边地区还发现了多个笈多时期的鸟兽陶像。

1937 年，正值甘加·辛格（统治期为 1887—1943 年）在位五十周年，王公举办了著名的五十周年金庆庆典。他决定为辖区内的人民献上一份极为特殊的礼物——兴建一座博物馆。其实早在 1916 年，王公就开始积极地为建造博物馆做准备，邀请意大利学者路易吉·皮奥·泰西托里博士来研究在冈格阿纳加尔 – 比卡内尔地区发现的史料和吟唱资料。这一研究无疑为建造博物馆奠定了坚实的基础。

　　泰西托里博士为此进行了广泛的调查研究，收集了大量的遗存古物，并在拉贾斯坦邦北部地区发现了重要的原始物质文化。他在考古调查中发现了在印度河流域文明里非常重要的一座古城都市——卡里班根，还在兰格马哈尔、苯达尔、皮尔·苏丹和蒙达地区的墓穴中发掘出许多笈多时期（公元 4 世纪—5 世纪）的陶土制品。这些珍贵的物品都在该博物馆里展出。

　　泰西托里博士发现的大量古物和王公慷慨捐赠的皇家珍贵文物，是甘加金禧纪念博物馆内珍藏的主要展品。这些珍贵的宝物为在比卡内尔建造甘加金禧纪念博物馆铺平了道路。1937 年，为了向公众展示这些馆藏精品，一座高大宏伟的建筑屹立起来。最初，博物馆就短暂地安置于这座大楼之内。后来，萨杜尔·辛格王公（统治期 1943—1947 年）下令将博物馆馆藏转移到朱纳加尔城堡的甘加·尼维斯宫里。自 1954 年起，人们开始筹备建造一座配有现代化设备的博物馆。如今，甘加金禧纪念博物馆所在的建筑充分考虑到了这些需求，馆内的现代化设施一应俱全。博物馆甚至还设置有礼堂，可举办各种文化活动。

　　这座博物馆，又称甘加邦立博物馆，是拉贾斯坦邦最重要的博物馆。馆内设有八个陈列室，收藏有大量珍贵的展品，其中包括王公的私人藏品，前比卡内尔的珍贵文物、织品、绘画作品、钱币和武器装备，泰西托里博士众多的考古发现，以及其他考古文献、石雕和青铜雕刻品等。

　　馆内特别开辟出一个展览馆，用以纪念甘加·辛格王公。这里珍藏有王公的私人物品，其中包括欧洲知名画家威廉·奥宾、詹姆斯·基斯瑞克和 A.H. 穆勒所创作完成的油画作品，还收藏有许多王公的珍贵照片。甘加王公在第一次世界大战中功勋卓越，馆里还展出了王公在一战中所使用的物品和武器等，其中包含一尊现代铜像，展现了甘加王公英姿飒爽地骑在马背上的形象。

比卡内尔博物馆内所藏展品都是独一无二的，相关佐证不一而足。笈多时期的陶制品主题各异，有些陶制品更是尺寸巨大。值得一提的是，馆内珍藏有毗湿奴化身为克里希纳后的陶像，他在童年和青年时期的陶像，都具有非凡的意义。在众多尊湿婆像里，馆藏的"埃卡穆卡·林伽"——单面湿婆林伽，更可称得上是印度陶制品艺术最早的典型代表作品。馆内焙烧黏土制成的动物像同样精美细致，吸引游客的眼球，其中包括陶土作品山羊和狮子。馆藏珍品中还有其他众多小雕像，多为热恋的爱人和起舞的舞者。泰西托里博士认为，这些雕像充分体现了犍陀罗艺术对当地艺术形式的深远影响。另外，在比卡内尔地区出土的印度教和耆那教的神像、石雕更是异常精美，与以往的表现形式大不相同。1956 年，阿玛萨尔地区出土了 14 座青铜制成的神像，分别代表了耆那教的祖师和神灵。其中 9 座刻有圣人的名字、所属教派和铜像的捐赠者，另外 5 座则只刻有铜像雕成的日期：大约在公元 9 世纪到 10 世纪之间。馆内还珍藏着一些在其他遗址发现的耆那教神像。另外，馆藏维希纳瓦神灵和藏传艺术风格的佛像也是引人瞩目的珍品。

甘加博物馆中珍藏的绘画作品出处明确且有据可查，多为知名画家的艺术作品。比卡内尔独特风格的形成与莫卧儿时期所用的画笔和调色盘密切相关。这种风格不同于拉贾斯坦其他地区的绘画风格，既不像梅瓦尔风格多用强烈的暖色调，也不似焦特布尔绘画作品那样惯用民俗元素。馆内展示有珈玛拉和《十二月份歌》等主题的绘画作品，也有描绘当地英雄帕布吉·拉索的真实生活的布画作品。甘加·辛格王公曾任命一位 20 世纪初期来自马德拉斯艺术学院的知名油画家 A.H. 穆勒为画师。自此，这位画师一直定居在比卡内尔，并为拉贾斯坦王室服务。穆勒的绘画作品是馆藏珍品的重要组成部分。

馆内单独开辟了一个展区，用以收藏各种具有历史意义的展品，许多展品上标注有作品制成时间，其中包含莫卧儿皇帝贾汗季赠给拉贾·雷·辛格（统治期为 1574—1612 年）的一件礼服，还有莫卧儿皇帝寄给比卡内尔统治者的勒令和信件等物品。

此外，馆内珍藏的几件武器出自皇家武器库武宫，也有 17 世纪阿努普·辛格王公（统治期为 1669—1698 年）从德干高原购得的武器。阿努普·辛格的大半生都在为莫卧儿皇帝奥朗则布戎马争战。王公的私人收藏里不乏精致的武器装备和其他各色珍奇物件，部分赠给博物馆，成为馆藏中非常珍贵的宝物。馆内珍藏的火绳枪、火帽枪、小手枪和托皮达尔枪等武器都出自皇家珍品收藏。实业家赛斯·巴蒂达斯·达珈也于 1957 年将私人收藏品欧洲长枪、步枪、左轮手枪、手枪和日本剑赠送给了博物馆。

阿贾卡帕达，独腿山羊，陶制品，
兰加马哈尔地区，笈多时期，
36.8×21.6cm，编号224 BM

　　湿婆主神的楼陀罗形态之一即是
独腿山羊阿贾卡帕达。图示陶板上雕
塑出一尊形态特殊的山羊头神像，它
有一条大象腿，身披"亚久帕维塔"，
即半璎珞。它的左手握着一只点缀着
树叶的竹篮，右手处已经残损了。

乌玛与玛亥希（湿婆），陶制品，
兰加马哈尔，笈多时期，4世纪，
36.8×22.9cm，编号228 BM

　　图中展示的陶板经过精心雕刻，
塑造出三头的湿婆主神（玛亥希）骑
在公牛背上的形象，其妻子帕尔瓦蒂
（乌玛）就站在他的左侧。湿婆前额竖
立的第三只眼睛非常醒目。其身后站
着一对持明，这二人正在往神明身上
抛撒花瓣。帕尔瓦蒂身披花环，戴着
手镯，头上点缀着珠宝。她左手持一
面镜子，右手部分却已经破损。湿婆
身旁两名僧人双手合十，呈现出恭敬
的礼拜姿态。

左图和右图

"弗加尔"仪式长袍（以及细节图），丝绸织锦，阿格拉，16世纪，121.9cm（长），编号311 BM

这件华美的衣袍是莫卧儿王子萨利姆（后来的贾汗季皇帝）赠给拉贾·雷·辛格（统治期为1574—1612年）的一件礼物。衣袍由波斯织物制成，在阿格拉地区缝制成衣。1596年11月，该长袍成为皇宫珍藏的宝物。衣袍细节刻画分明，细密地织出了竖直条框中的人像，人物在布满各种鲜花的蓝色、绿色和红色的背景中非常显眼。

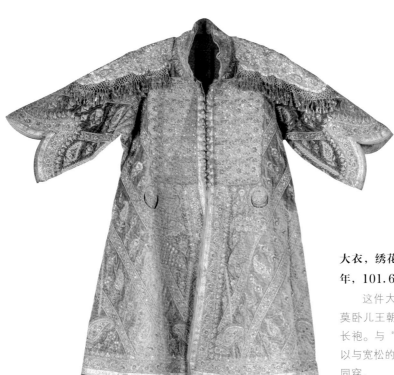

大衣，绣花丝绒，比卡内尔，1900年，101.6cm（长），编号588 BM

这件大衣的口袋呈新月形，很像莫卧儿王朝为仪式场合准备的弗加尔长袍。与"乔加"相似，这件大衣可以与宽松的长裤和短上衣"安加尔希"同穿。

"杰伊·纳马兹"，祈祷毯，棉花和毛绒，比卡内尔，19世纪晚期，17.8×12.7cm，编号174 BM

图中的祈祷毯装饰有"米哈拉布"，即拱形祈祷壁龛的图案设计，这个祈祷毯是在比卡内尔的监狱里制成的。斋浦尔和比卡内尔的监狱是印度著名的地毯生产中心，生产的制品主要追随拉合尔的设计理念。

《比卡内尔的阿玛尔·辛格与莫卧儿军队作战》，布面油画，比卡内尔，1940年，
121.9×91.4cm，编号329 BM

　　这幅油画描绘了莫卧儿将军阿拉卜·汗坐在象背上，手执战斧进攻防卫的形象，
而比卡内尔的卡彦·辛格王公（统治期为1542—1571年）之子拉杰库马尔·阿玛
尔·辛格正骑在马背上，手持宝刀进攻。卡彦·辛格王公对莫卧儿较为友善，而其
子却与之截然相反，最终与莫卧儿王国决裂，并在战争中斩杀了阿拉卜·汗。不过
最后，拉杰库马尔战死在莫卧儿一名军官手下。这幅油画作品由 A·H·穆勒绘制而成。

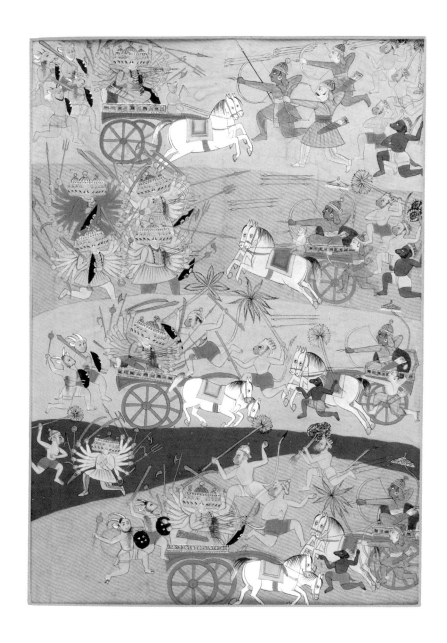

《战场上的拉玛和拉瓦纳》，纸上水彩画，比卡内尔，18世纪末，21.5×30cm，
编号1900

图中的插图选自印度著名史诗《罗摩衍那》，在同一幅作品中以五个水平场景展
现了同一场战役，拉玛正在与拉瓦纳征战，双方率领的战士们也是骁勇善战。拉玛
的战士是猴子和大熊，而拉瓦纳则带来了恶魔。水彩画行笔流畅，精妙的配色令画
面的整体充满动感和活力，这与当时比卡内尔境内更偏向静态的绘画风格不大相同。
在16世纪到19世纪期间，《罗摩衍那》相关的主题一直颇受拉贾斯坦地区各艺术资
助者和画家欢迎。

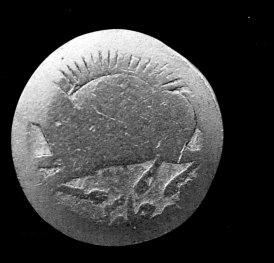

第 74 页上图

"金穆哈尔"，金，星宿类型，由贾汗季发行，出处未知，17世纪，10.8克，编号25 BM

图中的金币由莫卧儿皇帝贾汗季（统治期为 1605—1627 年）在统治期发行，这位皇帝又名"努鲁德丁·穆罕默德·贾汗季"。金币表面略微磨损，也可能是由于铸造技术所限，在制成过程中产生的。

正面：白羊座。公羊的头顶有太阳的光芒照耀，脚下写着"萨纳·尤卢斯"，吉祥年份。

背面：所刻的字母已经模糊不清了。

第 74 页下图

垫盘，玻璃，比卡内尔，20世纪，14cm（直径），编号141 BM

图中的垫盘点缀有玫瑰和叶子的图案，是当地玻璃厂以本地硅石为原料加工制造的。这家玻璃厂是由甘加·辛格王公（统治期为 1887—1943 年）下令建造的。甘加金千禧博物馆里展出的许多玻璃制品，都是由这家工厂制作完成的。

右图

象牙护罩，铁质，比卡内尔，18世纪，61cm（长），编号835 BM

在战场上，象牙护罩可以保护大象的象牙，而护罩上突出的锐利刀锋可以使敌人不敢靠近。大象在印度皇家军队中久负盛名，享有极为尊贵的地位。君王们喜欢用彩漆和金银饰品装饰大象，并在象牙上挂上沉重的金带。

站在莲花宝座上的莲花士，铜质，阿马尔萨尔，10世纪或11世纪，30.4×10.2cm，编号1674 BM

这座铜像造型极为特殊，塑造了一位女神，以三屈式的姿态站立，单手执一段莲花茎。这种作品在梅瓦尔地区并不常见，是早期的金属手工艺品。这尊雕塑是在阿马尔萨尔地区发现的，后来是苏姜格阿尔的一位税务官员将其赠予博物馆收藏。

基座上的金属海螺，铜质，印度南部，17世纪，16.5×10.2cm，编号488 BM

图中的工艺品塑造的是一个置于基座之上的海螺，是一件极具象征性的装饰性作品，极有可能是为某位毗湿奴的追随者特别定制的装饰品。海螺的四个主要基点均有火焰喷出。这件作品很可能和其他战争纪念品一起，都是阿努普·辛格王公（统治期为1669—1698年）在德干战役后从印度南部地区获得的。

肩带，金和银，比卡内尔，19世纪，20.3×12.7cm，编号313 BM

　　这条华美的肩带是为萨达尔·辛格王公（统治期为1851—1872年）特别定制的，也是王公出席正式场合着装的一部分。这条精美的肩带也是比卡内尔19世纪金属工艺品的绝佳范例，上面装饰着由银环组成的带子。黄金制成的小相框里面雕刻着为比卡内尔君王所崇敬的神灵斯里·拉克希米塔基和纳菲奇吉。

萨拉斯瓦蒂（妙音天女），大理石，伯卢，11 世纪，142.2×94cm，
编号 203 BM

　　图中的这尊萨拉斯瓦蒂女神的雕塑作品堪称中世纪印度造型艺术的经典
之作，也是比卡内尔博物馆最珍贵的馆藏珍品之一。主人物妙音天女周围雕
刻有数尊耆那教神像，也有精心雕刻而成的其他人物和各种标志。这些绝佳
的装饰令雕塑显得更为迷人，匠人不仅在雕刻主神之时一丝不苟，就连对周
围细小人物的处理也十分精细。

筏驮摩那，大理石，阿马尔萨尔，
1175年，43.2×35.6cm，编号
1660 BM

　　这尊雕像是用著名的马克拉纳大
理石雕成，雕刻的是耆那教祖师即大
雄——筏驮摩那。据雕塑上所配铭文
显示，这尊雕塑是由拉特纳布拉夫鲁
里于公元 1175 年（印度历 1232 年）
赠送的。

**盒子，木质，比卡内尔，20世纪初
期，33×22.9cm，编号113 BM**

　　图中精美的盒子展现了比卡内尔
素来以工艺精湛而著称的木雕工艺。
直至今日，比卡内尔仍在向外出口精
美的木雕制品。图中所展示的木雕盒
子是用紫杉木制作而成的，盒子表面
精工雕刻出繁复的枝叶图案。

**匣子，木和银饰品，比卡内尔，20世纪早期，41.9×24.1cm，编号
116 BM**

　　图中的木匣子造型比较简单，匣面镶有银质图案，面向读者的这一
面绘有女侍者、孔雀、花卉和一个花瓶。这样的匣子通常作为珠宝匣，
只出现在富贵人家里。

椅子，木质，比卡内尔，20世纪早期，152.4cm（高），编号166
BM

　　图示的木椅由印度黄檀木制成，刻工非常精巧。椅背上雕刻了黑天
神（毗湿奴的第八个化身）骑在牛背上吹着笛子的形象。椅背上半部分
雕刻有哈拉克什米（毗湿奴的女性配偶），身旁是两头大象。

伐楼拿，石雕，比尔瓦拉，8世纪，58×35cm，编号595/819

水之神是西方的主要守护者，却极少会以雕塑的形式出现，因此这座雕像非常有意思，也算得上是独一无二的标志性雕塑。这位神祇有四只臂膀，以三屈式的姿态站立，身上披着多条装饰彩带。伐楼拿的头后雕刻有锯齿状的日轮，使之呈现出非同寻常的神圣性和独特性。两位主神梵天和毗湿奴分别端坐在日轮两侧的位置，其余的一些随侍人物分别居于雕塑中低部的位置。伐楼拿的坐骑鳄鱼就伏在他的右脚处。

法塔赫·普拉卡什宫殿是由梅瓦尔的统治者法塔赫·辛格王公（统治期为 1884—1930 年）下令建造的。自 1956 年起，这里一直由印度考古普查局（ASI）精心维护。这座单独的宫殿装饰有美丽的彩色玻璃和金色的顶端装饰，但利用率并不高，只能用来收藏一些小型的石雕、建筑残存和武器装备等。

20 世纪 60 年代初期，拉贾斯坦邦政府的考古与博物馆部决定将这座宫殿改做博物馆，使得众多游客得以一览奇陶加尔昔日的光辉。从那格利、拉什米、巴纳格尔遗址和奇陶加尔地区发掘的石器时代工具、雕塑、铜像、陶俑和石雕神像起初就在这里展示。印度考古普查局也将在大炮储存库里发现的雕塑和石刻铭文捐赠给了这个新建成的博物馆。

随后，馆内也增加了绘画馆藏，包括数幅真人大小的梅瓦尔王公的画像。有些画像是由和考古与博物馆部合作的画家莫汉·拉尔·沙玛赠予博物馆的。奇陶加尔的米拉·萨米提也献出了一些画像，画像主人公是 16 世纪拉杰普塔纳的公主米拉·拜。这位公主创作了大量经久流传的诗作和音乐，以表她对黑天神的崇敬与赞美之情。

这座博物馆中非常值得一览的是位于宫殿二层的觐见室大厅，由美丽的玻璃饰品装饰，这也是 19 世纪建筑的一个显著特征。

博物馆内设有一座武器库，陈列有各种功能性和仪式用的武器装备，令广大的游客流连忘返。

**沙哈依·毗湿奴，卡累利阿石，比尔瓦拉，9世纪，51×36cm，
编号598/822**

  图中这尊塑像是毗湿奴的经典形象之一。这位主神在海洋之上休息，
倚在神蛇沙哈依的身上。他的三只手分别握着法螺、金刚杵和莲花三样
法器，另以一只右手支着头。其妻拉克什米坐在他的身边，正在按摩主
神的双足。魔鬼蛮毒和卡达巴则在雕塑的顶部，而萨拉斯瓦蒂（印度智
慧女神）就在主神头部附近的位置。

耆那教的一任祖师，石质，比尔瓦拉，9世纪，76.2×96.5cm，编号611/835

雕塑中的祖师结禅定印，盘坐呈冥想的姿态，展现出此类雕塑的多种典型特征，包括典型的头顶发髻、内向沉静的表情和胸前菱形的吉祥记号等，都被匠人们塑造得清晰可辨。基座上的纹饰显示出这位祖师隶属什维坦巴拉教派；他坐姿端正，呈现出典型的姿态，纹饰和坐姿都是中世纪造像的标志性风格。雕塑的左手和双耳处均有些破损。

一个女人的头部，陶制品，阿杰梅尔，后笈多时期，编号11/424

上图展示的陶制品略有残损，塑造的是某位女子的头部，由手工制造而成。不过很可惜，她的面部自鼻子以下断裂开来。仅从残存部分看来，女子的眉眼部分雕刻得非常细致。她的头发自中间分开，左侧头发用头饰向左后绕行，略微褶皱。装饰在头发上的发饰雕刻得非常精美，看起来像由一颗颗名贵的珠子制成。这座雕塑呈现出后笈多时期的风格。

鸭子，陶制品，那格利，早期历史时代，编号13/426

这件陶制的工艺品由手工制成，不过损毁得非常严重，鸭子的头部已经从颈部脱离。图示的陶制品已经过精心修补。鸭子的羽毛塑造得非常自然，并且有锯齿状图案。这件工艺品很可能是为孩子们准备的玩具。在印度的许多早期历史时期遗址中都发现了此类鸟兽造型的陶制品。

史前工具，石器，贝拉赫山谷，旧石器时代中期，编号1

　　人们在奇陶加尔附近发现了旧石器时代所用的一组工具，共23件。其中包括手斧、刮刀、侧面刮刀和圆盘状物体。旧石器时代中期的工具制造以薄片型而著名。这些薄片型工具非常锐利，比更早的卵石工具要尖锐许多，也更利于切割猎物、剥除猎物的毛皮。

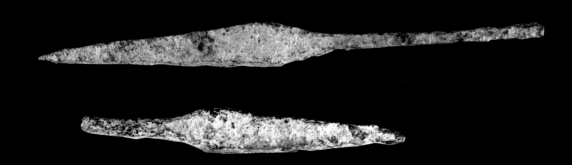

箭头，铁质，阿杰梅尔，早期历史时代，编号37/453

　　图片展示了两个铁箭头，头部呈尖尖的三角形状。箭头背面有槽，可以把木棍插进去。这两个箭头已经锈蚀了。在早期时代，人们可以将箭头作为武器向敌人抛掷出去，且多用于近距离作战。

"达尔"，盾牌，动物皮，斋浦尔，
19世纪，42cm（直径），编号
41/575

图中展示的这面盾牌由犀牛皮制
成，且表面刷有漆。四只老虎环绕着
盾牌中心的圆形图案，周围点缀着带
有花纹的条带状图案。

"多普"，宝剑，金属，马哈拉施特
拉，17世纪，125cm（长），编号
140/673

这种宽刃德卡尼宝剑最初可能出
自马哈拉施特拉邦。剑身约有1.2米
长，由萨克拉钢锻造而成。这种印度钢
材非常出名，多用于打造各种刀剑。宝
剑的手柄上刻着罂粟花图案的花纹。这
种宝剑多由统治者授予英勇善战的将
士，以作为他们荣誉的象征。

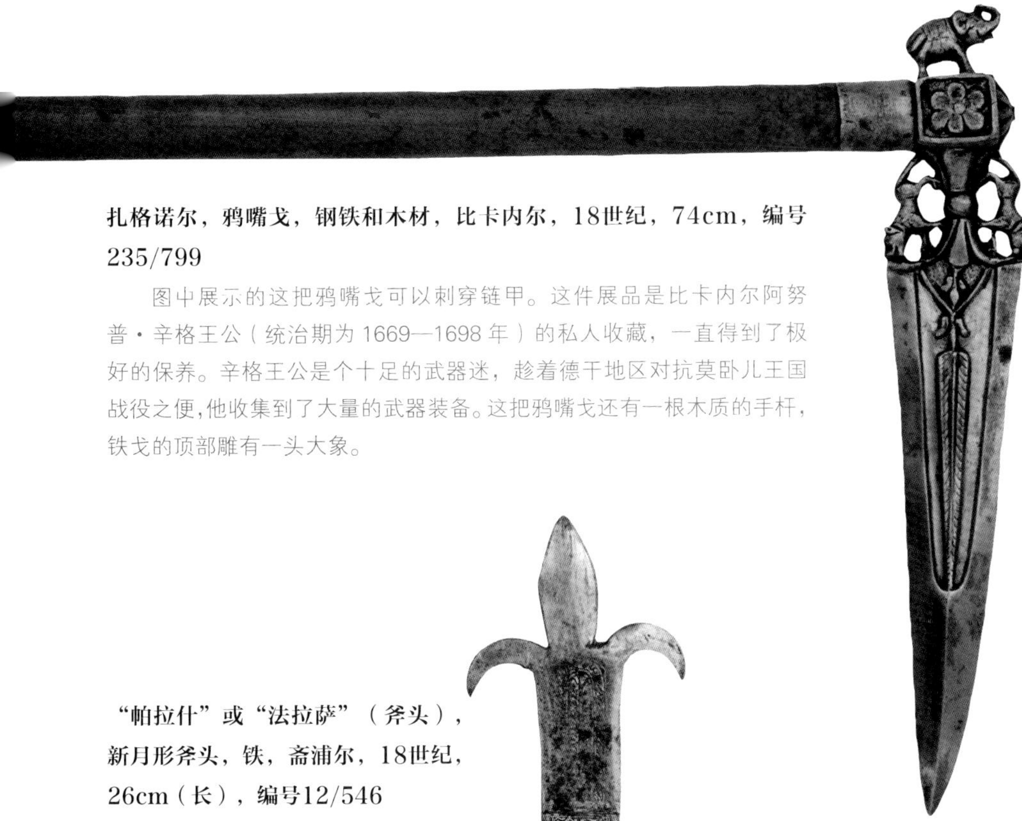

扎格诺尔，鸦嘴戈，钢铁和木材，比卡内尔，18世纪，74cm，编号235/799

  图中展示的这把鸦嘴戈可以刺穿链甲。这件展品是比卡内尔阿努普·辛格王公（统治期为1669—1698年）的私人收藏，一直得到了极好的保养。辛格王公是个十足的武器迷，趁着德干地区对抗莫卧儿王国战役之便，他收集到了大量的武器装备。这把鸦嘴戈还有一根木质的手杆，铁戈的顶部雕有一头大象。

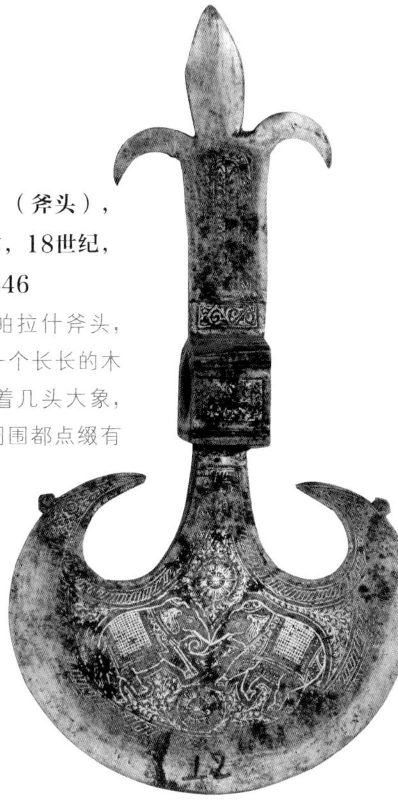

"帕拉什"或"法拉萨"（斧头），新月形斧头，铁，斋浦尔，18世纪，26cm（长），编号12/546

  图中展示的是一把帕拉什斧头，使用者可以为斧头接上一个长长的木制把手。斧头的一面雕着几头大象，另一面刻着一只孔雀，周围都点缀有金色树叶。

佩斯卡布兹，匕首，铁，斋浦尔，18世纪，45cm（长），编号36/570

  图中展示的这种波斯佩斯卡布兹匕首在中世纪风靡印度，刀刃极为锋利。17世纪，这种匕首逐渐演变成正式礼服的佩饰，也成为贵族之间相互馈赠的礼物。图中的这把匕首上雕刻有爬山虎藤蔓的图案。

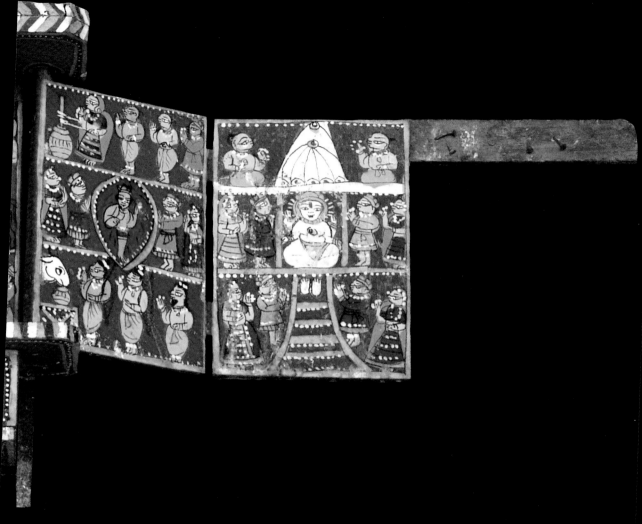

坐在伽楼罗之上的瓦什纳维，片岩，阿姆哈拉，7世纪，81.2cm（高），编号5

　　该雕塑展现了神母瓦什纳维坐在坐骑伽楼罗的身上，神兽被塑造成人形，留着一头卷状的头发，耳上坠着显眼的耳饰。主神盘着一条腿，优雅地坐定，右手结无畏印，展现出沉稳和无所畏惧的姿态。她左手抱着一个婴儿，以显示母神的母性光辉。艺术家细致地雕刻出瓦什纳维神精心梳理的发丝和圆锥形的耳饰等细节，这些无不显示出艺术家技艺的高超。

为纪念皇家的拉马塔拉·德文德拉·库马依，1988 年，栋格尔布尔特地建立起以拉马塔拉·德文德拉·库马依名字冠名的博物馆和附属的文化中心。馆内珍藏有王室的私人收藏品和考古与博物馆部在古代瓦嘎地区发掘出来的数尊雕塑。

1960 年，栋格尔布尔的萨米蒂村务委员会展出了考古与博物馆部收集的雕塑，这些展品多由时任部门主任 R.C. 阿格拉瓦拉发现。他在阿姆哈拉、纳瓦尔·希亚姆、巴罗达（瓦嘎内）、比希瓦达、加利亚科特、纳什瓦和安德里等地发掘出了各种不同的塑像。葛内舍、俱毗罗、马里卡斯、杜尔嘎·摩希夏玛迪尼（难近母）、维纳德里·湿婆和筏罗柯等主神的雕塑特色鲜明，呈现出经典的风格和细节。从中可以推断，这批作品多完成于后笈多时期（公元 7—8 世纪）。其中，筏罗柯的塑像是由当地产的略带绿色的片岩雕刻而成。随着发掘的雕塑越来越多，萨米蒂村务委员会愈发难以收纳数量和规模日渐庞大的各种展品。于是，拉贾斯坦邦政府便决定在栋格尔布尔地区建造一座新的博物馆。

1970 年，皇族决定将部分土地赠予当时正在兴建的博物馆，拉克什曼·辛格王公和那甘德拉·辛格博士也从各自的私人收藏中挑选出做工精细的小雕像、具有重大历史意义的铭文和金属物件等，特地赠予博物馆。馆内珍藏有从公元 13 世纪至 18 世纪的石刻铭文和拉克什曼·辛格王公所赠送的耆那教雕像。这些珍品生动地展现了栋格尔布尔悠久的历史文化。王公的弟弟那甘德拉·辛格博士非常热衷于收集各种铜像，也愿意慷慨赠予，特地将来自亚洲南部无比珍贵的铜像赠予了博物馆以充实馆藏。

夜叉莲花手菩萨，片岩，阿姆哈拉，7
世纪，139.7cm（高），编号7（13）

这尊菩萨像手执莲花，以三屈式
的姿态站立。她身披一串精美的野花
花环，发饰卷曲成髻。这尊雕像是以
当地出产的帕雷瓦石雕成的，保存相
对完好，不过，佛像头部的日轮部分
有所缺失。佛像下半身所着腰布有多
重清晰的褶皱，可见匠人在细节处理
上非常用心。

湿婆和帕尔瓦蒂，铜质，印度南部，14—15世纪，17cm（高），编号7
    雕塑中这对神仙眷侣以舞姿姿态站立，造型栩栩如生。艺术家精心雕刻，清晰展现出两位主神的神态。这个精美细腻的雕像曾是栋格尔布尔皇家的收藏品，后来成为拉马塔拉·德文德拉·库马依博物馆的珍贵馆藏。

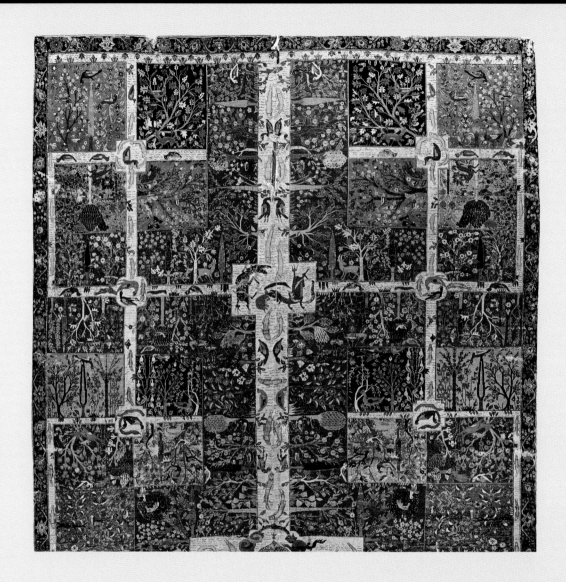

波斯花园地毯（细节图），查赫·巴格式，可能来自科曼，17世纪，853.4×384.1cm，编号681/2225

  图中展示的这块地毯是世界现存的波斯花园地毯中品质最佳、保存得最为完整的。毯面上布满了多种图案，画面中有成群的小鸟、成簇的花朵和硕果累累的树木等作为点缀，令小径和果园生趣盎然。这种地毯独有的特征之一便是毯面上的各色方格，据悉，这块地毯是在波斯杰出的地毯制造中心科曼制作完成的。1632年，拉贾·贾伊·辛格王公（统治期为1621—1667年）自拉合尔买来这块地毯，并将其赠予琥珀城堡的苏克马哈尔。

斋浦尔的阿尔伯特大厅博物馆馆藏珍品种类繁多、馆藏规模庞大，在印度众多博物馆中占据着极为重要的地位，也被公认为 19 世纪印度最佳博物馆。2008 年，博物馆进行了翻修，如今仍是印度国内设施最为先进的博物馆之一。

托马斯·霍尔贝恩·亨得利上校为扩大博物馆的馆藏做出了巨大贡献，使得当地技艺和手工艺品得以大规模保存，大量工艺精湛的规模化艺术品得以收藏，当地的工匠和大众也得以一览斋浦尔境外手工艺制品的典范。1883 年，斋浦尔举行了盛大的斋浦尔展览会，这批数量庞大的展品也需要一个用以储存保管的展馆，此时，即将建起的阿尔伯特大厅博物馆正好成为收藏这些珍贵展品的绝佳场所。

这座博物馆位于斋浦尔的拉姆·尼瓦斯·巴格，以精美的大理石和岩石为主要材料建造，也是拉贾斯坦邦精妙石雕工艺的范例。开明的萨瓦·拉姆·辛格二世（统治期为 1835—1880 年）提出建一座纪念馆，以纪念 1876 年威尔士亲王到访斋浦尔。这座宏伟壮丽的建筑由塞缪尔·斯温顿·雅各布上校设计，整体呈现出印度 - 萨拉森式建筑风格。

这位王公生前未能得见这座建筑的宏伟壮阔。1887 年，博物馆在王公的养子——玛多·辛格二世（统治期为 1880—1922 年）统治期间隆重开放。亨得利担任阿尔伯特大厅博物馆的名誉秘书，并完成了馆藏藏品的详细目录，总计两卷。他预言这些精心编纂的名录必将对未来的专家和博物馆馆长大有助益。事实也确实如此，这些目录也是众多博物馆学家进行研究的宝贵参考资料。总计 19000 件藏品均由亨得利收集到馆内，其中不乏精美的武器和护甲装备、雕塑、国际艺术作品、金属制品、陶器、石雕制品、木刻制品、象牙、珠宝、泥塑、硬币、印章、地毯及各种乐器等。

这座博物馆更是珍藏有一块罕见的 16 世纪波斯花园地毯和一具埃及木乃伊。来自比卡内尔、乌代布尔和珀勒德布尔等地博物馆的杰出作品、稀世珍品等也在该博物馆中展示。

斋浦尔的阿尔伯特大厅博物馆在多个方面仍影响着当今博物馆世界。亨得利上校更是为博物馆配备了导游和讲解者，以便为游客进行介绍。而在当时，这个理念在当地并不流行，甚至连欧洲最好的博物馆也是自 1892 年才开始引入导游。非常独特的一点在于，博物馆将每周周五定为专门向女性开放的日子。毕竟受到印度国内正统观念影响，当地女性出门要戴面纱，也不能随意在公共场所自由活动。正是由于这些独特之处，20 世纪早期，阿尔伯特大厅博物馆在西方世界非常知名，世人非常认可这座博物馆的与众不同。

布满鲜花图案的地毯，羊毛和棉，拉合尔，17世纪，414×200.7cm，编号684/2230

图示的展品地毯以红色为底色，毯面上绣着鲜花主题的图案。而地毯的旧登记号码2230，证明这块地毯是出自斋浦尔古都的藏品。1656年，这块来自拉合尔的精美地毯成了进献拉贾·贾伊·辛格王公的贡品。

大圆盘，黏土制品，孟买艺术学院，19世纪后期，46cm（直径），编号8716

　　图中展示的红色黏土圆盘中心带有旋涡状花饰，盘面描绘有拉瓦纳和坐在白象身上的因陀罗作战的场景。画面创作内容主要受到阿旃陀石窟里的一幅壁画的影响。盘面的宽边外围绘制有一群白天鹅，釉面透亮，是典型的信德地区风格的陶艺作品。

储物罐，瓷器，斋浦尔，19世纪，36.8cm（高），编号9273

　　这件展品称得上是斋浦尔蓝陶的典范，这种陶瓷制品是于19世纪引入斋浦尔的。当时，拉姆·辛格二世王公（统治期为1835—1880年）请来阿格拉地区的能工巧匠给当地的工匠传授手艺，以使当地匠人技术得以精进。随后不久，这项工艺在斋浦尔不断发展繁荣，逐渐成了当地代表性的工艺美术。

**花觚，瓷器，波斯，19世纪，30cm（高），
编号8184**

　　图中的广口花觚是在波斯的法拉汉制成
的，后来自土耳其的君士坦丁堡购得。这也是
亨得利上校自欧洲地区搜集到的珍品之一，后
来用以充实阿尔伯特大厅博物馆的馆藏陶瓷
制品。

**萨摩花瓶，黏土，日本明治时期，19世纪晚
期，编号N/397**

　　图中的萨摩花瓶是由日本京都的锦官山家
族制作的，瓶身装饰有金色和银色的浮雕。匠
人更是以五彩珐琅和镀金工艺描绘出武士和艺
伎的生活场景。

圆锥形门柱，黏土，比卡内尔，19世纪，31.8cm，编号8317

这件展品非常实用，既可以用作门挡，又可以安置于地毯或地板的角落里作装饰。这款多彩的圆锥形门柱涂着当地一种名为"钱德拉斯"的清漆，形成光滑的漆面。比卡内尔乌斯达的工匠极为擅长这门技艺。

埃斯图斯坎花瓶，黏土，哥本哈根，19世纪，28.8cm（高），编号5012

图中的花瓶是于1843年在彼得·伊普森工作室里烧制成的。这位丹麦的陶艺家巧妙地将古典主题应用到陶器制作之中，也因此而远近闻名。他所制成的双耳瓶和其他陶艺系列在世界各地的博览会上展出，并因此赢得了广泛的声誉。图中展品画面的背景色为淡巧克力色，描绘出一位正襟危坐的男子，他的身边站着三位身着黑衣的女子。这件展品在博物馆单独开辟的伊普森陶瓷展馆中展示。

罗摩衍那盾牌，黄铜，斋浦尔，19世纪晚期，137×99cm，编号 11142

图中所展示的这面盾牌是阿尔伯特大厅博物馆里最受欢迎的金属制品，由斋浦尔非常著名的工匠甘加·巴克斯制成。他以凸纹制作法再现了16世纪《罗摩衍那》书稿中的场景，并在制作过程中采用了镀银黄铜板。盾牌整体呈古铜色，镶嵌以金色大马士革花卉的图案。

附有护手的剑柄，钢铁，西罗希，19世纪，16.5cm（长），编号12

图中的剑柄顶部呈鹦鹉头的形状，鹦鹉眼睛以绿松石制成。剑柄通过塔伊－尼山镶嵌工艺镶嵌有大片金饰。这件展品在非常著名的宝剑生产之地西罗希制成。"西罗希"也逐渐发展为当地方言中"宝剑"的同义词。

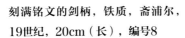

刻满铭文的剑柄，铁质，斋浦尔，19世纪，20cm（长），编号8

图中这种刻有铭文的剑柄多被称为"科拉贝瓦尔"，展品绝妙地展现了当时大马士革钢的制造工艺，刀柄上刻满了长长的、赞美女神德维的铭文。这段刀柄是斋浦尔的玛多·辛格二世王公（统治期为1880—1922年）赠予博物馆的。

卡塔尔，匕首，钢，本迪，18世纪，45.7cm，编号N/1156

印度中世纪的统治者，特别是莫卧儿王朝的各代统治者都非常喜欢使用图中这款匕首。阿克巴帝国的公报《艾恩·俄·阿克巴》中也记录过这种武器。拉贾斯坦邦最好的卡塔尔匕首是在本迪打造的，匕首的刀刃和手柄上也多会刻上动物图案。图示的展品以浮雕的形式刻有几只老虎。

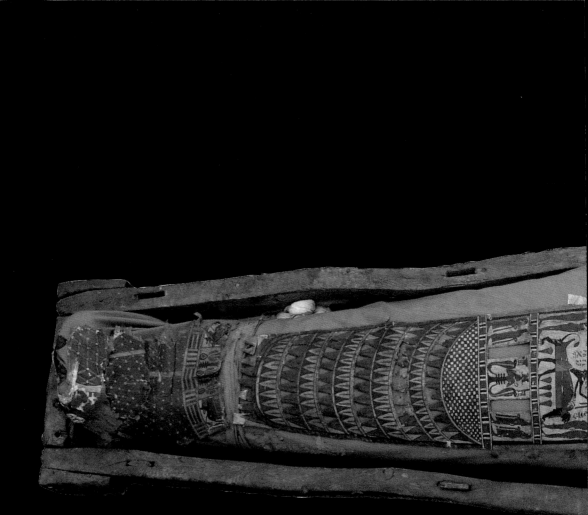

埃及女性木乃伊，在埃及阿库米发现，前322年，编号10742

　　19 世纪末期，亨得利上校得到了这具装在棺椁中的木乃伊以及为其陪葬的全部文物。陪葬的宝物里有铜像、陶土制品、陶瓷和珠宝等。

那伽法尼，小号，铜，斋浦尔，19世纪末，70cm（长），编号63=18

　　这件略微氧化的乐器，是一支造型非常简单的班吉亚式小号。班吉亚是单圈螺旋的号角，而那伽法尼却有一个或多个S形的管身，很像大蛇盘成的环，因此得名"那伽法尼"（nagaphani 一词中的"naga"即指蛇）。

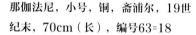

拉巴琴，木质和金属，琥珀城堡，16世纪末或17世纪初，22.8×7.6cm，编号299/N/85

　　这把十二音品的拨弦乐器可能并不实用，但却是当时的贵族的身份和权力的象征。根据16世纪的文学作品记载，这种拉巴琴曾在曼·辛格一世王公（统治期为1589—1614年）的宫殿里演奏过。

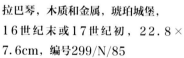

弹奏萨朗吉的乐师，象牙，斋浦尔，19世纪，11.2cm（长），编号68/249

　　这尊雕像制作得极为精美，塑造出一个弹奏萨朗吉的演奏者，充分体现了公司学派[1]对印度艺术的影响。18世纪到19世纪，英国学术现实主义逐渐渗透到印度艺术形式里，最初表现在绘画领域。图中的雕像栩栩如生，细致入微地描绘了这位可怜的老音乐家难以掩饰的悲伤情绪。

1　公司学派，也称巴物那画，是18世纪下半叶在印度发展起来的微型画风格。

《阿什文月》，选自《十二月份歌》，纸上水彩画，焦特布尔，1800
年，17.5×26cm，编号43

　　《十二月份歌》是一组描绘一年中十二个月份的绘画文学作品。这幅
水彩画设定在阿什文月（介于西历九月和十月之间的一个月），描绘了一
位丈夫正在与妻子告别。妻子苦苦央求不要抛下自己，而这位丈夫已经
备好了马鞍，准备好远行。

《拉格·美格·马尔哈》，选自《拉迦玛拉》，纸本水彩画，琥珀城
堡，17世纪，编号1776/25

　　"拉迦玛拉"意思是"旋律的花环"。这部系列作品通过绘画和诗歌
等来抒发各种音乐的情绪。这幅水彩画描绘了通常与大雨和乌云相伴的
肤色黝黑的拉格·美格·马尔哈，一边弹奏着维纳琴，一边与女舞者翩
翩起舞。阿尔伯特大厅博物馆中收录的《拉迦玛拉》系列作品均是在拉
贾·贾伊·辛格王公（统治期为1621—1667年）统治期间完成的。

《床上的淑女》，纸上水彩画，比卡内尔，18世纪，15.2×19.1cm，编号2506

这幅作品展现了《拉西卡普里亚》中的一个主题，表现了女性的魅力。画面里有一位美丽的妇人，正趴在露台的床上休息，她的女仆正在按摩她的双脚。17世纪末至18世纪，莫卧儿、拉贾斯坦和德卡尼等地的印度画家非常乐于创作这种以女性、爱情和美丽为主题的绘画。

第111页上图

《鲁斯塔姆猎龙》，《列王纪》中的插画，纸上水彩画，斋浦尔，1880年，编号85=36

《列王纪》是菲尔多西于11世纪创作的波斯文学巨著，记录了伊朗的神话传说和历史，被尊为最具故事性的文学作品之一。阿尔伯特大厅博物馆收录的《列王纪》绘本总共有48幅对开页，由一名斋浦尔画家绘制。在图示的画面里，骏马拉克什眼见巨龙不断靠近主人，及时唤醒了鲁斯塔姆，并拼命地撕咬着巨龙的肩膀分散它的注意力。鲁斯塔姆借此机会得以斩杀巨龙。画作的顶部以波斯文写着画作的题目。

第111页下图

《科塔的拉姆·辛格二世王公狩猎老虎》，纸上水彩画，科塔，19世纪中期，25.4×34.3cm，编号2908

19世纪早期，以宫廷生活和皇家冒险为主题的大型画作非常常见。科塔的拉姆·辛格二世王公（统治期为1828—1866年）非常喜欢狩猎，也很乐意让画家记录他在狩猎过程中的探险经历。在图示画面里，王公站在钱伯尔河上的一条小船里，正准备猎杀一只猛虎。画家成功地再现了一头雄壮的老虎眼见周围指着它的枪支，因无比恐惧而咆哮的场景。

母神，陶土，萨姆巴尔，贵霜王朝时期，1世纪，28.5×10cm，编号24=62

　　这尊双臂女神的站立像是手工制作的陶艺作品，运用了嵌花和手塑等技艺。母神戴着两只耳环、一只脚镯，身上缠了一条环绕编织的腰带。她用一条发带将长发束成发髻，并用珠宝装饰，左手持着一个鼓状的物体，右手拿着某种不知名的物品。塑像的脖子、右手和双腿处都有破损。雕塑在烧制前刷过红色染剂。这尊女神像是在萨姆巴尔地区被发掘的。

筏摩那，黑石，萨姆巴尔，10世纪，91.4cm（高），编号11201

　　筏摩那是毗湿奴的第五个化身。他化身成矮人筏摩那以接近魔鬼之王巴里。筏摩那手持法器法螺和善见法轮，身披数层彩带；他的身侧站着几名手持莲花梗的女陪侍。筏摩那的头发向上网成发髻，盘在头顶，应该是参考了锡克教婆罗门信徒的形象。

《大力罗摩加入阿希娃米达雅迦》，《拉兹姆本纪》中的插图，木板水彩画，斋浦尔，19世纪，25×27cm，编号73/288

　　这件作品是《拉兹姆本纪》的一份19世纪的复刻品。原作是为阿克巴皇帝（统治期为1556—1605年）绘制的，现在收录于萨瓦·曼·辛格二世王公在斋浦尔城的宫殿私人收藏之中。《拉兹姆本纪》是《摩诃婆罗多》的波斯译本，也是莫卧儿时期众多画家喜欢绘制的主题。这幅展品绘制的是大力罗摩为参与由潘达瓦组织的阿希娃米达雅迦——祭祀马匹的仪式而来。他的肩上扛着他的标志性武器——犁。

位于斋浦尔贾勒布·乔克的皇家纳亚·玛哈尔宫殿是由萨瓦·拉姆·辛格二世（统治期为 1835—1880 年）建造的，在斋浦尔有非常重要的历史地位。最初，托马斯·霍尔贝恩·亨得利上校收集到的 19 世纪工业艺术的珍贵展品就在这里珍藏，后来才转到阿尔伯特大厅博物馆中。

印度独立之后，刚成立不久的拉贾斯坦邦开始在此处举行邦议会，这栋建筑也因此得名"萨瓦·曼·辛格市政大厅"。

进入 21 世纪，纳亚·玛哈尔宫殿开始扮演新的角色：作为博物馆主体，这座建筑向世界讲述着在拉贾斯坦邦的地理环境和历史背景中斋浦尔的故事。贾勒布·乔克环境优美，展现了斋浦尔城的曼妙景色，因此，萨瓦·曼·辛格市政大厅作为展示当时土邦各种珍贵宝物的场所再合适不过了。

新建成的博物馆展示着由当地艺术家和工匠打造的武器装备、雕塑、画像、装饰艺术品等各种珍品，充分展示着斋浦尔地区独特的历史和物质文化。

一块塑有人物的石板，陶土，瑞尔，松加-贵霜时期，15.2×9.8cm，编号3300

这块浮雕石板状的雕塑塑造出一男一女两个人物的正面形象。板面中一位戴着王冠的女性人物站在男性人物的右边，正抬起一只手放在他的头上，好像是在为他祷告祝福。男性人物的右手搭在她的臀部，左手提着两条鱼。而这两条鱼的形象通常会出现在母神手中。

在瑞尔地区出土的陶俑和其他遗存证明这里可能曾经是早期历史时期非常重要的一个小镇。这座新博物馆也收藏有在斋浦尔附近瑞尔和桑巴尔地区发现的大量古董珍品。

某位男子躯体的雕塑，砂岩，基拉杜，12 世纪，15.2×20.3cm，编号 49

　　雕像塑造了一位留着胡子的年轻男子的上半身，他披的围巾在胸前打了一个结，褶皱向身体两侧延伸，身上点缀着各种装饰物。巴尔默地区的基拉杜，即为古时的基拉特库普，是公元 11 至 12 世纪的历史遗址。人们在这里的寺庙遗址里发掘出许多工艺制品。基拉杜地区的雕塑工艺十分精巧，因善于生动地雕刻出庄严宁静的面部表情和富有节奏、颇具动感的肢体动作而闻名。

杰伊瑟尔梅尔的博物馆馆藏丰富，充分展现出塔尔沙漠文化的魅力，该馆于 1984 年建成。馆内陈列着各种石雕、刺绣服饰，以及名为"帕图"的羊毛披肩等手工制品，这些珍品无一不展现着当地工艺的精湛独特。这些物件曾在当地市场上随处可见。1976 年，阿布·扎比的王储谢赫·哈利法·本·扎耶德访问杰伊瑟尔梅尔时，斥资协助建立了这座博物馆。

　　政府博物馆作为展示塔尔沙漠文化的重要宝库，收藏有印度大沙漠地区无比珍贵的考古和艺术遗存。杰伊瑟尔梅尔当地更是出土了大量古代雕塑、石碑和各种建筑遗存。博物馆囊括了来自洛德拉瓦耆那寺庙的珍贵雕塑、可展现当地民间艺术文化特色的物件和乐器等，这些也是馆内藏品的亮点和特色。杰伊瑟尔梅尔本就深受游客喜爱，政府博物馆更是促进了当地的文化传承，因此深得人心。

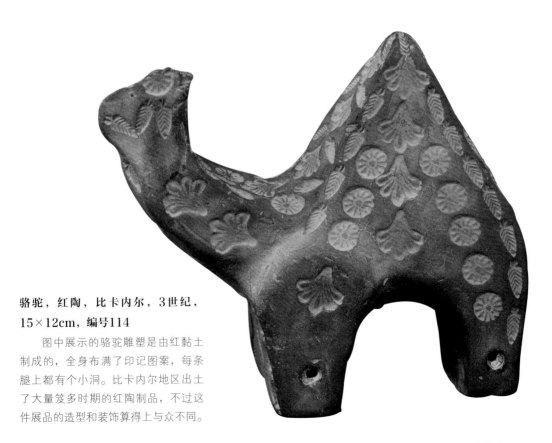

骆驼，红陶，比卡内尔，3 世纪，15×12cm，编号114

　　图中展示的骆驼雕塑是由红黏土制成的，全身布满了印记图案，每条腿上都有个小洞。比卡内尔地区出土了大量笈多时期的红陶制品，不过这件展品的造型和装饰算得上与众不同。

倚靠大树的女子半身像，砂岩，基拉杜，12世纪，38.1×25.4cm，编号45

　　萨拉巴吉卡的传统形象——一个姿容美丽的女子倚靠着一棵硕果累累、布满彩带的大树。她的双耳戴着大耳环，颈上戴着数条项链，手臂佩着一对手镯，头上系着发饰。女子发髻在当时非常时尚，该雕像令游客可以得以一睹12世纪印度上层社会的流行风潮。

两名苦行僧，砂岩，基拉杜，12世纪，22.8×15.2cm，编号55

　　这面镶板很可能是某座庙宇"马拉瑟"（雕带）的一部分。许多建筑通常借由这种雕带展现当时生活的情景。在拉贾斯坦邦的许多寺庙里，尤其是10世纪到12世纪建造的寺庙，都能见到这种雕带。这些雕带为人们研究当时社会经济生活的发展提供了丰富的资料。在这件雕塑里，两位苦行僧似乎在讨论着什么。两人身边有个书写架，摆满了书籍和写作材料。这种题材在拉贾斯坦中世纪的雕塑中很受欢迎。

一截装饰柱，砂岩，基拉杜，12世纪，45.7×20.3cm，编号48

　　装饰柱的圆形图案里有一只精心雕刻的天鹅。这件展品很有可能是一小截装饰柱。

服饰精美的男子躯干，砂岩，基拉杜，12世纪，45.7×22.8cm，编号44

    雕塑的半截躯体微屈，以三屈式的姿态站立着。透过服饰和姿态判断，雕塑的人物很可能是一名随侍人员或执卓里的人，即持拂尘者。

帕马·班杜拉铭文，铜，曼加塔村，1182年，20×12cm，编号249

　　这段碑文记载了帕马·班杜拉在基拉特库普膜拜湿婆后，将一块带有蓄水池和水井的土地捐献给女神尚迪卡·曼德奇的庙宇的故事。其中也提到了帕马的妻子拉尼·马尔汉·德维。这段铭文是由德瓦·钱德拉的儿子帕里德鲁林加以梵语写就，使用的是天城体。这块铜碑共有两部分，都是在巴默的曼加塔村发掘出来的，之前一直在焦特布尔博物馆里保存着。

彩绘扇子，纸浆，斋浦尔，19世纪，80×55cm，编号107

　　19世纪，拉贾斯坦邦的工匠以纸浆艺术制造出许多非常实用的工艺制品，并绘制了各种彩绘的图案制成各色珍品。其中最受欢迎的制品应属不同尺寸的扇子和各种谷物容器。

斯瓦拉曼达尔，木质和金属，拉贾斯坦邦西部，20世纪，编号216

　　斯瓦拉曼达尔是由木头和金属线制成的一种乐器，是从杰伊瑟尔梅尔卡努伊的音乐家查南·汉手中购置的。这件乐器是桑特尔式的多弦琴，附带的木箱呈梯形。每根琴弦对应一个音符，横跨琴面。斯瓦拉曼达尔比起桑特尔体积更小、更为简便，弹奏之时需要拨动琴弦而非敲击琴弦。这种乐器多被古典歌手用作伴奏乐器，不过，一些拉贾斯坦邦西部的专业民间音乐家更乐于用它单独弹奏乐曲。

左图

《骑在骆驼背上的女人》，纸上水粉画，马瓦尔风格，19世纪，
55×36cm，编号121

　　水粉画中有一头看似骆驼的神奇动物驮着一个"安巴巴里"，即一个
附带轿篷的象轿，轿中坐着一名女子。这种以人物和动物组成的意象"纳
里阿萨瓦"（即骏马），或"纳里昆贾尔"（即大象），经常出现在传统绘画里。
本画作者创作大胆，不同以往，绘制出图示这种由动物和多名男子组成
的五彩骆驼。这幅展品最初收藏于焦特布尔的萨达尔政府博物馆内。

右图

《骑在骆驼背上的多拉和玛鲁》，纸上水彩画，焦特尔，约作于1900年，
21×29.5cm，编号127

　　这幅画描绘了纳瓦的王子多拉和他的新娘玛鲁之间的传奇故事，也是
拉贾斯坦邦画家非常喜欢的主题之一。多拉和玛鲁很小的时候就认识了，
并在非常年轻的时候订了婚。他们之间的忠贞爱情吸引来广大诗人作诗赞
美。图中画面呈现出浓郁的马瓦尔绘画风格。

女神难近母（杀摩醯湿伐涅者）像，深粉红色岩石，钱德拉哈加杰拉帕坦，8世纪，170.2×91.4cm，编号86

　　女神杜尔迦因杀死形似水牛的恶魔摩醯湿伐涅，被人们尊称为"杀摩醯湿伐涅者"。在图中这尊雕像里，女神右脚踩在恶魔身上，一只手砍掉了恶魔的头颅。这一幕展现出的虽然是一个非常血腥的场景，但在雕塑家的手下，女神优雅的姿态和女性魅力却细腻地在同一幕中展现了出来。不过可惜的是，塑像的几只手缺失了。

恰勒瓦尔的博物馆是由当地非常开明的统治者巴瓦尼·辛格王公（统治期为 1899—1929 年）下令建造的。这位王公深受拉杰普塔纳博物馆运动的启发，为了收藏展示哈多提地区的各色珍宝，于 1916 年建造了这座恰勒瓦尔博物馆，并任命帕尔·拉尔·维亚斯教授担任博物馆的首任馆长。这位辛格王公同样也深爱各种表演艺术，为此特地建造起一座剧院。人们为了纪念王公的此举，将这座剧院冠名为巴瓦尼·纳塔亚沙拉。

巴瓦尼·辛格王公派人在辖区内搜集各色古董，并发掘出了大量具有考古价值的雕塑和建筑遗存。人们在查德拉巴坦河畔的拉贾斯坦邦最早的寺庙希塔利亚什瓦神庙里发掘出了经典古碑文，并将其收入恰勒瓦尔的博物馆。此外，在钱德拉巴加、兰加帕坦、卡库尼、达格和拉姆加尔等遗址发掘出的后笈多时期和中世纪雕塑更是充分地展现了哈多提地区古老灿烂的历史文化。馆内同时也展示着印度教和耆那教神庙里的特色物品，其中包括 9 世纪或 10 世纪制成的著名的湿婆半女之主相，即一尊湿婆和萨克提同为一体的精美雕塑。这件展品也曾在众多国际展览会中特别展出。

同时，馆内收藏有自前基督教时期到莫卧儿帝国时期的多枚古钱币、19 世纪恰勒瓦尔风格的绘画作品、插图手稿和当地工艺制品等等。

**一队苦行僧，红砂岩，卡库尼，9—10世纪，44×43×18cm，
编号364**

　　塑像中两名苦行僧相对而坐，其他的信徒纷纷围坐在他们身旁。卡
库尼地区盛产各种多人组成的复合雕塑，其中展现的现世人物也并不在
少数。这座雕像充分展现出该地区不失为众多宗教人士、学者聚集中心
的一面。

《胡里节》，纸上水彩画，恰勒瓦尔，19世纪早期，76.2×54.6cm，
编号56/106/169

　　画面中，恰勒瓦尔的廷臣和贵族骑坐在大象或骏马的背上来参与印
度的色彩节——胡里节，并且互相喷洒颜料。基于本迪和科塔的独特风
格，恰勒瓦尔在19世纪形成了带有民俗元素的自身艺术风格。这种风
格的显著特征为配色鲜亮、绘画色彩明艳美丽。恰勒瓦尔地区的绘画作
品中经常出现各种象征元素，正如这幅展品画面中心位置以一块方形区
域来象征胡里节的活动。

托拉纳门柱，装饰柱，褐砂岩，门德索尔，4世纪，373×76×348cm，编号65/2107

　　图中装饰柱浮雕主题是克里希纳·里拉，分别展现了以克里希纳为主人公的不同场景。主工艺为低浮雕，分别在五面镶板上展示了不同的画面：克里希纳举起牛增山；一段已经模糊不清的铭文；雅修达搅拌好凝乳制成黄油，而克里希纳从黏土坩埚里偷走黄油，失手打翻了小车；小克里希那睡在母亲身边，紧紧抱着她的双乳。这些画面的塑造侧面证明了在笈多时期（公元4—6世纪），克里希纳·里拉相关的主题作品在拉贾斯坦邦非常流行。

关于萨达尔博物馆中珍贵的馆藏，有个故事。1909年，基奇纳勋爵到访焦特布尔。为了迎接这位英属印度陆军总司令的到访，该城特地准备了当地艺术工艺作品、考古发掘和马尔瓦特色绘画作品。这便是当地馆藏展览品的雏形和收藏各色宝物的开端。庞大的珍宝之中，包含有一些古钱币和写给耆那教圣徒的信件。写信人盛情邀请圣徒们来到王国里，度过"查图马斯"，即季风期。这些收藏品体积虽小，却品种多样，日后发展为焦特布尔博物馆的核心展品。

1914年，在雷迪特·比什瓦·纳特·雷的指导下，人们在苏尔萨花园内初步建起了朴素的博物馆雏形，雷在日后荣升为博物馆的总监。1915年，一座附属的公共图书馆也建造完成。雷迪特·比什瓦·纳特·雷也是历史学家，受过专业的训练。在他的不懈努力之下，一大批文物古董得以重见天日，其中包括各种雕塑、钱币、铭文、当地工艺品和手工制品以及辅学用品等，这大大充实了博物馆的馆藏。在纳高尔县库拉达出土了一大批独特的铜器，还在门德索尔附近发现了支撑印度教经典门洞（梵语称之为托拉纳）的两根支柱——它们也是目前发现的年代最为久远的可展现笈多时期艺术风格的作品，这些展品都不失为馆内珍藏中非常值得一观的珍品。馆内还收藏有一个在库拉达附近发现的带有喷嘴的大铜碗。这件展品与斋浦尔阿尔伯特大厅博物馆收藏的伊朗金属容器很相似，而这一发现也证明拉贾斯坦邦和伊朗在原始历史时期可能存在着某些联系。

1916年，这座博物馆获得了大英政府的认可。为纪念焦特布尔的统治者萨达·辛格王公（统治期为1895—1911年），博物馆被冠名为萨达尔博物馆。1936年，班古尔·塞斯工业家族在乌默德·巴格公共花园里建起了一座宏伟壮观的建筑，当地所有的展品得以在这座新的建筑里呈献给大众，并特别强调其教益作用。同年，印度总督威灵顿勋爵宣布新建成的博物馆向公众开放。

左页图

诃利诃罗，灰砂岩，哈索尔村，11世纪，编号124/2581

这件展品是诃利诃罗半身像，即湿婆与毗湿奴合二为一的形态。主神头上柱形的冠冕竖直分成了两部分。神祇左手执铁饼，细节处理得非常细致，而后侧的右手执三叉戟，已有部分破损。湿婆在左手侧，耳上挂着耳饰，与右侧的毗湿奴不同。这位合体神的额上生着第三只眼睛。神身后的背板部分精心地雕饰有莲花状日轮，顶端装饰有珠子。

耆那教祖师，石质，奥西扬大雄尊者庙，9世纪，48.3×25.4cm，编号282/2877

雕塑中的耆那教祖师头部雕刻得非常精巧细致，他的头发梳成小卷，在头顶盘成发髻。背后是一圈由花瓣装饰成的日轮，最外围珠子制成的宽边内另外装饰有一圈花环和一圈半菱形的图案。祖师姿态优雅且表情庄严，这一点与笈多时期（公元4—6世纪）的雕塑极为相似。两侧刻有两只鳄鱼，雕刻清晰，连面部细节都能看得一清二楚。就在鳄鱼上方的角落里，分别雕刻有一对天神夫妇。

四臂毗湿奴，粉褐色砂岩，基拉杜，12世纪，50×65cm，编号 21/1422

　　上图雕塑中刻画的四臂毗湿奴以对立式平衡的姿态伫立着，右上臂有部分缺失。他上方的左手中拿着一只海螺，而另外两只手搭在身旁两个矮小的仆从头上。这尊雕像充分展现了能工巧匠精湛的雕刻工艺。

一尊四臂女神，粉褐色石，基拉杜，12世纪，72×81cm，编号 5/1046

这面雕塑是中世纪一座庙宇墙壁的一部分，塑造了一位四臂女神。她衣着华美且气质高雅，以三屈式的姿态站立在壁龛中间。女神上方的右手执一朵莲花，上方左手拿着一本书，其余两只手破损断裂了。她的头上戴着以蛇做装饰的兜帽，身旁站立着两名矮小的持明者，身后的镶板上有几位不知名的人物。这块雕塑左侧有一名少女，手中拿着一面镜子，雕塑整体上沿袭了卡久拉霍地区的雕塑风格。

"玛尔塔班"，玻璃，焦特布尔，20世纪，13cm（高），编号8/792

这种被称为"玛尔塔班"的玻璃罐是在比卡内尔的玻璃厂制成的，之后在焦特布尔漆上了颜色。玻璃罐上装饰的树叶状图案是非常经典的装饰图案，这种装饰图案也多用于其他的艺术品装饰上。

小盒子，木头和象牙，纳高尔县梅尔达，20世纪，23×15cm，编号55/35

图中展示的小木盒盒面上镶嵌有象牙，支撑盒子的四条腿也是象牙雕刻而成的。这样的小物件在贵族家庭中很常见，多起到装饰点缀的作用。这件展品也是博物馆中展示的皇家用品之一。

奇楞，黏土，表面镶嵌有象牙，焦特布尔，20世纪，14×15cm，编号55/615

图中展示的这支装饰精美的烟斗也是皇家收藏品之一。如此精致而实用的物件多被当作馈赠的佳品，后来为收礼者的后代累世珍藏。

蝎形锁和钥匙，铁制品，焦特布尔的加内劳，19世纪后期，8×5cm，编号96/1533

焦特布尔附近的加内劳地区是一个极为重要的铁制品中心。在当地，铁艺也是家庭手工业。在制成这种鸟类和昆虫形状等非常复杂的金属锁时，铁匠们展现出了极为高超的技巧，体现出专业的工匠精神。图中的展品曾是进献给国王的礼品。

锁和钥匙，铁制品，纳高尔县，20世纪早期，12×6cm，编号15/148

纳高尔是铁艺制造中心，以铸造家用铁制品而闻名，其中便包括各种锁具。在设计铁制品和机械装置的过程中，铁匠们充分发挥创造性，展现出精妙的技术，设计的成品多为艺术品。如图所示，多数成品装饰华美。这件展品锁面装饰有铁质的玫瑰形饰物，造型非常美观。

耆那教祖师像，黄铜，焦特布尔，15
世纪，19×11cm，编号169/2603
　　这位耆那教的渡津者以莲花坐姿
端坐在宝座上，他的身旁立着两名侍
从。渡津者的身后有圆形背光和伞盖。

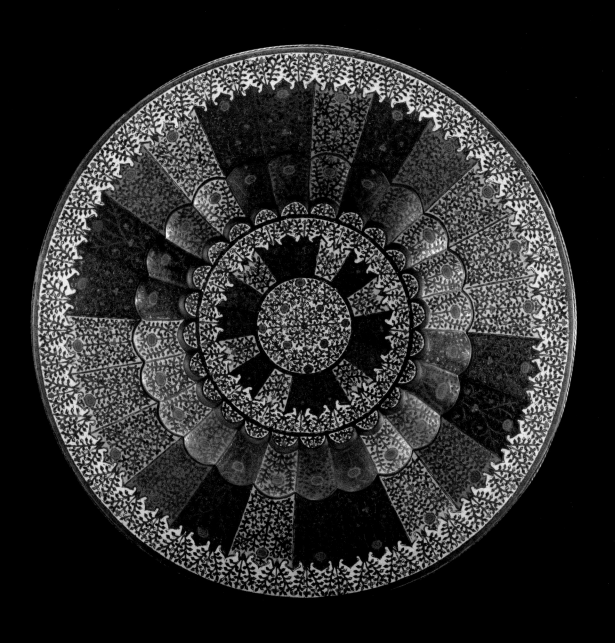

"塔利"，黄铜彩饰，斋浦尔，19世纪，60cm（直径），编号78/1263

　　这只名为"塔利"的盘子表面上以辐射方式排布着鲜花图案，是在以精妙的彩饰工艺而著名的斋浦尔制造的。不过，在通常情况下，这种工艺多用以装饰珠宝。图中的展品布满红色、黄色和棕色等错综复杂的图案，充分展示了当地精妙的彩绘装饰艺术。

盘子，大理石彩绘，纳高尔县马克拉纳，20世纪，17cm（直径），编号5/59

    图中展示的大理石彩盘配色非常明亮，运用了红、黄、蓝和金色，并且绘制了几位主神的形象。盘面正中间是梵天，周围是湿婆、帕尔瓦蒂和他们的儿子葛内舍，以及置身鸟兽丛中的拉玛、西塔和哈奴曼。盘面整体布局和组合非常巧妙，显得十分有趣。

《曼·辛格王公与古鲁》，纸上水彩画，焦特布尔，19世纪早期，30×20cm，编号317/2494

　　这幅作品描绘了曼·辛格王公（统治期为1803—1843年）向一位纳特教派的古鲁致敬的场景。纳特教派是湿婆派的一个分支，辛格王公正是该教派的信徒。描绘曼·辛格和纳特教的古鲁的画作多喜运用鲜亮的颜色，呈现出典型的焦特布尔风格。画中的古鲁坐在神龛里，身边站着一名手持孔雀羽毛制成的拂尘的侍从。辛格王公双手合十，毕恭毕敬地站在古鲁面前。19世纪早期，纳特教的诸位祖师格外受到皇室的照拂，甚至大权在握，享有举足轻重的政治地位。

带盖酒杯，彩绘大理石，20世纪，纳高尔县马克拉纳，17×10cm，编号9/63

　　这个带盖酒杯设计得非常精致，装饰得极为精美，这类物品多被作为馈赠佳品。杯面上绘制有红色、粉色、黄色、蓝色和金色的花卉图案。画面的中央是罗陀和克里希纳，分别站立在莲座上。马克拉纳是大理石采石中心，也因出产精美的大理石制品而闻名。

"丘斯基"，葡萄酒罐，大理石，马克拉纳，20世纪，14cm（长），编号110/1004

这种葡萄酒罐，在当地被称之为"丘斯基"，多用于旅途之中，因方便携带。罐体用素白色的大理石制成，附带金属壶嘴，盖子上系着链条，可以避免盖子的丢失。

吸食鸦片的人们，黏土，博克兰，20世纪早期，23×20×12cm，编号53/358

在当时的马尔瓦，吸食鸦片是非常普遍的。人们总是怀着满腔热情准备鸦片。图中的这件展品里有8个人聚在一起，围坐在一口大锅前，正在等待鸦片煮好。

"戈拉"，球，木质，焦特布尔，19世纪，10.5cm（直径），编号47/240

这个顶部挂着钩子，整体漆成红色的小球是给孩子们准备的玩具，是由焦特布尔巴加里村一名木匠制作而成的。巴加里盛产木匠，有不少木制玩具和家用物品都在这里制成，并被漆上不同的颜色。图中的展品来自皇家藏品。

达里，棉毯，棉花，焦特布尔，20世纪，188×110cm，编号17/587

这种厚重的平纹织品在印度非常普遍，特别是夏天，这种织物应用得非常广泛。图中的棉毯绣着方形的"恰图兰卡"——印度非常流行的一种棋类游戏，这件织品是由焦特布尔监狱里的犯人纺织而成的，萨达尔博物馆里的织品多是由他们织成的。19世纪起印度犯人在监狱中多以手纺达里为职业。

拉尔·查德拉，长条状红色纺织品，棉花，斋浦尔，20世纪，246×54cm，编号21/2730

图中展示的长长的不经刺绣的纺织品有多重用途。人们通常把这种织物用作"卡马·班德"，即腰带，系在腰间，或是当作"帕加里"，即头巾。如果织物较窄，就可当作围巾围在脖子上。图中这条织物的四边都用彩线和小镜子作为装饰，两端有流苏，更为凸显其华美。织工在制成织物的几何图案时运用了苏发和信德两地区的织法。

女相四臂毗湿奴，粉砂岩，科塔兰姆伽，12世纪，64.8×53.3，编号67/56

　　塑像中四臂的毗湿奴女相呈半跏趺式坐姿，放松地坐在位于两个壁柱中间的高高宝座上。主神身上装饰着珠宝，头上戴着头饰。两只左手都已经破损了，她右后方的手中握着权杖，还有一只手在前面做施恩状。她的右腿弯曲，身下是坐骑伽楼罗。这组雕像充分展现了中世纪雕塑的特殊风格和精妙的表现形式。这种对于母性女神的崇拜自史前时期便已存在，后来逐渐发展为早期历史时代对神圣母神的疯狂崇拜。

这座博物馆坐落在布拉克·维拉斯宫内，收藏有大量笈多时期和中世纪的艺术珍品，馆藏有近 100 件考古文物。1951 年，博物馆转移至加尔宫的风之宫，归属考古与博物馆部管辖。不过，40 年后，博物馆再次迁回到布拉克·维拉斯皇宫内。

1930 年，巴纳拉斯印度教大学的阿尔泰卡教授发现了许多哈达提地区的考古遗址，并首次提出了该地重要的文化和历史意义。阿尔泰卡教授同印度考古调查局局长拉埃·巴哈杜·K.N. 迪克西特一起向乌默德·辛格二世王公（统治期为 1889—1940 年）提议在科塔设立考古部。之后，一直以来致力于搜集铭文和雕塑等文物的科塔当地历史学家夏尔马博士则负责管理该部门。

彼时，博物馆内的主要展品是从哈达提地区的达拉、堪萨斯、巴兰、维拉斯、拉姆加尔和巴多利等各处考古遗址发掘出的雕塑。这些展品充分展现了当地丰富的文化生活，并吸引了大批游客前来参观。非常值得一提的是，馆内展示有一尊来自巴多利的 9 世纪毗湿奴像，还有一尊来自卡库尼的卡尔凯蒂耶喂食坐骑孔雀的雕像。馆内还收藏有在巴德瓦附近的四根祭祀支柱上发现的婆罗米铭文，其中记载了毛乌哈里王朝王子们举行的各种皇室仪式。

过去，科塔的藏品只作考古用途，多展示有碑文、雕塑和建筑碎片等。直到比希姆·辛格王公（统治期为 1940—1948 年）自皇家珍品中挑选了一些皇家服饰、武器和装备等，捐赠给博物馆，充实了馆内藏品，并将其扩建为著名的公共博物馆，这些藏品才有了更丰富的社会意义。王公甚至将萨拉斯瓦蒂·班达尔——手稿图书馆中的珍藏贡献了出来，其中包括文学、艺术和宗教等类 5000 多份手稿。馆内珍藏的数幅绘画作品，包括一本 17 世纪王公珍藏的宝物插图版《往事书》等。馆内的匕首、宝剑、盾牌、矛、弓箭、长枪、手枪和左轮手枪等武器也都出自王公的武器宝库。

沙哈依·毗湿奴，棕石，巴兰，9世纪，106.7×58.4cm，编号415
　　这组雕塑的主人公是倚在巨蛇沙哈依身上的毗湿奴，他的妻子拉克
什米在其身侧作陪，为主神按摩双足。八方之神迪卡帕拉斯正忙于与恶
魔蛮毒和卡达巴交战。

恒河女神和侍从，石质，卡库尼，10世纪，编号673

图中的雕塑非常精致华美，必定是中世纪某座典雅美丽的寺庙门前的装饰雕塑，大致位于开门方向的右上侧位置。恒河女神身披彩带，衣饰华美，正与侍从一同站在莲蓬之下。这种雕塑造型类似帕拉提哈拉时期（公元10世纪）的雕塑形式。女神的坐骑鳄鱼也在雕塑底座的位置，而且人物身后的背景中雕刻有精美的植物图案。

手持乐器的男孩，石质，科塔的达拉，5世纪，73.7×114.3cm，编号164/194

　　雕塑塑造的小男孩正在弹奏吉哈拉。这是一种钹状的金属板，需要借敲击弹奏出不同的音调。雕刻者充分描绘出小男孩弯曲的头发和纯真无邪的面部表情。他的周围布满了精心雕刻的花样图案，左右侧雕刻了莲花和鳄鱼。这件展品是寺庙里部分建筑的组成部分。人们在科塔城附近的公元5世纪时期的达拉神庙废墟里发掘出众多精美的建筑残件。

两只鸟，石质，巴兰，9世纪，33cm（长），编号83/66

　　在印度造型艺术中，将不同的动物和植物组合在一起也是一种非常重要的表达方式，动植物在印度神话中占据着非常重要的地位。在印度神话里，许多神话人物的侍从和坐骑都是花卉、树木、藤蔓、鸟兽，这些元素也多用作点缀、装饰等用途。

建筑残件，黄色砂岩，达拉，5世纪，52×39cm，编号663

在这部分建筑残件上匠人以浅浮雕的工艺塑造出鳄鱼玛卡拉斯，其下则是以方格状的设计图案作为修饰。这件展品同其他建筑残存一起，都是从达拉神庙中搜集到的，后来被人们送往博物馆。这些珍宝，图案精美，雕刻精细。近来，印度考古普查局正在负责维修、复原这座公元5世纪的神庙，并研究从废墟之中发掘出来的现存建筑遗存。

《科塔的拉姆·辛格二世王公在阿格拉》，设色素描，科塔，19世纪，
43.2×35.6cm，编号201

　　拉姆·辛格二世王公（统治期为1828—1866年）非常热衷狩猎，
许多画作也是以王公打猎为主题。这幅画不同于其他画作，描绘了王公
与侍从参观阿格拉集市的场景。画框顶部的小注记载，这次出访大概是
在公元1862年。作者将阿格拉地区的建筑细节描绘得细致入微。

《格兰德·科·基尔》，纸本设色素描，科塔，19世纪，48.3cm×
63.5cm，编号214/62

　　这幅画里，描绘了几名男子在玩一种马术游戏，这种游戏类似当代
的马球游戏，不过不同于马球的是，在玩这种游戏之时，只有一名男子
骑坐在马背上，而其他人都不能骑马。这名骑在马背上的主要玩家用球
杆击球，其他人则负责把球拦下。科塔地区19世纪的绘画作品工于描绘
户外活动，这里展示的绘画作品仅是馆内大量艺术品的冰山一角。

《放风筝图》，纸本设色素描，科塔，19世纪，48.3×30.5cm，编号 209/57

　　在图示的作品中，一位王子坐在椅子上，正忙着放一只美丽的风筝。这只风筝与普通风筝形状大不相同，似乎是专门为王子特别制作的。王子的身边还跟着两名随从。画面上还绘制有几只鸽子，这是本迪和科塔宫廷特殊的标志。

《胡里节》，纸本设色素描，科塔，19世纪，43.2×29.2cm，
编号228/76

　　在胡里节当日，四名男子分别骑在两头大象的背上，正纵情享受节
日的乐趣，即互相抛掷颜料。他们抛洒出的颜料色彩缤纷，特别是红色，
非常令人震撼。这幅作品是19世纪以户外活动为主题的彩色素描之一，
也是馆藏珍品中非常有意思的一件展品。作者以印象派风格绘制出画作
中的景观，连同其淡淡的奶油色背景，都能反映出该画的画家深受公司
绘画风格的影响。

《克里希纳征服巨蛇卡利亚》，《薄伽梵往世书》中的插图，本迪-科塔
风格，17世纪，34.9×21cm，编号21

　　这幅画的创作基于《薄伽梵往世书》第十章的故事，展现了克里希
纳战胜了蛇形恶魔卡利亚，站在巨蛇身上边跳舞边吹着笛子。卡利亚的
妻子们和其他巨蛇双手合十，祈求克里希纳能够饶恕她们丈夫的性命；人
们则站在河畔，欢欣雀跃地庆祝胜利。

人狮那罗辛哈，红岩，门德索尔，19世纪，90×75cm，编号298

　　那罗辛哈是毗湿奴的化身之一。他以半人半狮的形象出场，一举杀死了恶魔国王黑冉亚卡西普。雕塑生动地展现出十六只胳膊的主神坐在莲花座上，并用其中一双手刺入魔王的腹部，杀死了魔王的画面。这种雕像多是为村庙雕刻的，带有浓重的民俗色彩。

门德索尔地区盛产各种雕塑，扎纳·巴赫博物馆充分展现了这一特色。门德索尔曾是拉索尔氏族的首府，直到 1459 年，拉奥·乔达（统治期为 1427—1489 年）将首府迁到了焦特布尔的梅兰加尔堡。据人们发掘出来的历史铭文记载，门德索尔曾是笈多帝国（公元 4—6 世纪）的领土，也曾是帕拉提哈拉众国王（公元 6—11 世纪）的都城。焦特布尔和加蒂瓦拉发掘的铭文中记载，帕拉提哈拉的统治者曾对当地的雕塑创作艺术慷慨解囊，推动了门德索尔的雕塑工艺的发展。

门德索尔堡垒的建筑群和花园虽然位于荒漠之中，但是也吸引了大批游客前来欣赏大漠之中如画的美景。城堡附近的建筑遗址也是非常著名的旅游景点，这促使州政府建成现在的博物馆。

这里，有一块名为"维龙·基·萨尔"的巨石，上面雕刻了众神和英雄的形象，用以纪念当地的一众勇士。这块纪念碑造型有趣而新颖，深受游客欢迎。许多焦特布尔的统治者在门德索尔地区接受了火葬，那些庙宇式的陵寝就建在这里。其他值得一览的著名建筑还有埃克·斯塔姆比希娃陵墓，也是一座非常美丽的柱形建筑。

埃克·斯塔姆比希娃陵墓

"埃克·斯塔姆比希娃"字面的意思是"单柱"。门德索尔堡这座华美的柱形建筑充分展现了门德索尔地区知名建筑的不俗之处。

菩萨，黄铜，西罗希，20世纪，27.9×7.6cm，编号Am-9

这是一尊菩萨站立像。塑像中的菩萨身着一件僧袍，站立在莲花座之上。

这座博物馆收藏有在拉贾斯坦南部发现的众多珍贵艺术作品，多数出自帕拉马拉时期（公元9—14世纪）。博物馆的建筑总体仿照帕拉马拉的建筑风格，当年的阿布山地区曾是中世纪艺术的中心。馆内收藏的大量金石和雕刻文物都是从附近地区发掘出来的，钱德拉瓦蒂、瓦尔曼、德万根、德瓦拉和阿迦尔的历史文物都在这里展出。几座纪念碑和耆那铜像也是馆藏珍品之中非常重要的部分。

拉贾斯坦的前省督桑普南德博士对各种艺术品非常着迷，他从位于拉杰·巴凡的官邸中划出部分土地，用于建造这座博物馆。直至奠基后的第3年，即1965年，这座博物馆才由这位前省督正式宣布对公众开放。

随后，包括各种服装、装饰品和实用物品等一大批展现部落文化的艺术品和物品先后被加入馆藏之中。博物馆内设置有四个展馆，分别用以展示来自比希尔和加拉西亚部落的文物、神像和生活用品等。

象头神葛内舍，黄铜，西罗希，19世纪，9.7×9.7cm，编号Am-10

铜像基底部设有枢轴，这说明这尊四臂的神像可能是更大一座雕塑中的一部分。

盾牌（细节图），黄铜，斋浦尔，19世纪晚期，编号2151

  图中装饰的这面盾牌以浮雕形式描绘出一人一虎搏斗的场景。这种
盾牌一般不会用于战争。不过，金属工匠仍愿以高超的制作技巧来打造

盾牌，黄铜，斋浦尔，19世纪晚期，45.7cm（直径），编号1058

　　图中展示的盾牌上雕刻了几个狩猎场景和花卉的图案。到了 19 世纪，印度军事活动已然停止，盾牌这类兵器也不再为士兵们使用。此后，工匠们继续制作这种雕刻华美的盾牌用作装饰用途。

"苏拉希"，水壶，皮革，比卡内尔，19世纪，30.5×20.3cm，编号7013

上图中的苏拉希水壶设计得十分独特，主体部分有多个圆形的孔，壶体是由骆驼皮制成的。在当地，工匠们喜欢用骆驼皮制成各种形状、大小不同的水壶和水罐等。不过这件展品水壶装饰得非常朴素，仅以几个孔洞作为点缀。

"苏拉希"，水壶，皮革，比卡内尔，20世纪早期，30.5×19.1cm，编号7014

图中这种经典样式的长颈储水容器也是用骆驼皮制成的。水壶表面以花样图案作为装饰。"苏拉希"是当地非常常见的储水容器，人们在穿越沙漠的旅途中，大多会携带这种水壶以储水。

纪念碑及铭文，白石，西罗希，1813年，121.9×68.8cm，编号Am-149

这段以马尔瓦语写就的铭文总共17行，字体为纳加里体。据记载，当地的长官史瑞·希瓦·辛格的母亲斯里·达尔巴的骨灰浸没在圣河恒河之中。铭文中也记载有这块土地的赠予关系，上面写道："尽管当地人已经得到了一块记载土地赠予关系的铜板，人们还是在石头上刻下了这段铭文，用以证明这块土地的归属权。"铭文里还写道："这段赠予关系将与日月光辉共在。如若有人胆敢违背这项约定，将被视为蠢驴。"石碑底部还雕刻有一头驴子，顶端的一边刻着太阳，一边刻着月亮。

屏风（局部），木质，斋浦尔，20世纪，39.4×30.5cm，编号N/209

提起拉贾斯坦地区房屋的特色，就不得不提到当地许多家庭安装的木制窗户、木门和屏风。这些木制品通常雕刻精美，为整体建筑增光添彩，几世纪以来更是一直被用于装饰房屋。图中的屏风雕刻精细，板面装饰有细腻繁复的阿拉伯花纹图案。

《比希姆·辛格王公》，纸本水彩画，科塔，18世纪，21.6×16.5cm，
编号3014/70 P

　　画作中，科塔的比希姆·辛格王公（统治期为 1707—1720 年）坐
在织毯上，手中拿着弓箭，身旁的侧枕上放着一把宝刀。

《焦特布尔的曼·辛格王公会见纳特教圣人》，素描设色，焦特布尔，
19世纪早期，**33×38.1cm，编号732 P/3946**

　　焦特布尔的曼·辛格王公（统治期为1803—1843年）是纳特教派
忠实的追随者。在这幅画作中，纳特教的圣人端坐在老虎皮之上，身后
跟随着四名信徒。王公则站在他面前，恭恭敬敬，双手合十。曼·辛格
王公幼年曾住在雅罗堡，而在当地纳特教地位非常崇高。王公因而深受
纳特教的影响，一生都是该教派忠实的信徒。

《狩猎途中的佐拉瓦·辛格王公》，纸本水彩画，马尔瓦，18世纪，
36.8×31.8cm，编号530 P

　　年轻的佐拉瓦·辛格王公（统治期为1735—1746年）和他的侍从
行进在狩猎途中。画面的背景是一片广袤的沙地和远远的几处房屋。画
面里也出现了拉贾斯坦邦西部地区人们所戴的标志性头巾。这幅作品是
从斋浦尔的阿尔伯特大厅博物馆转送来的。

《克里希纳在胡里节泼洒颜料》，纸本水彩画，梅瓦尔，19世纪，16×22cm，编号793 P/78-60

　　化身牧童的主神克里希纳正朝牧羊女的房子上抛洒颜料，站在楼上的牧羊女也用喷筒喷出颜料。六名牧羊女站在他身旁，有人为克里希纳准备颜料，有人开心地边唱歌边弹奏乐器，以示庆祝。画作顶部以小字注明：这幅作品绘制了莫汉（克里希纳的另一个名字）在胡里节泼洒颜料。

储存容器，黏土，塞瓦里村，2—3世纪，135×338cm，编号P 88

　　这个巨大的黑色储藏罐由罐身向罐口逐渐变细，底部是尖尖的。这件展品是由工匠手工模制，随后烧制而成。开口处较宽，瓶颈边缘呈月亮形状，有一圈圆圆的、厚厚的边缘。这件展品应算得上是该地区出土的最为古老的储藏罐了。

巴利地区盛产各种古董和珍宝，当地的人们也非常珍视并竭尽全力保护这些历史的馈赠。在 20 世纪末期，为了能够收藏、展示这些宝物，班加尔工业家族为政府提供了用以建造博物馆的基金。

　　不同于其他各地只以一两件镇馆之宝而著名的博物馆，班加尔博物馆收藏有多件珍宝杰作。馆内收藏有一个非常罕见的大古董陶罐、几块记录捐赠关系的铜板、印度萨珊王朝（公元 9—12 世纪）和莫卧儿王朝（公元 16—19 世纪）时期流通的货币，以及在巴利附近的马卡曼迪·马塔神庙发现的 11 世纪的精美石雕和建筑遗存，这些馆内展品都能令游客们眼前一亮。

　　馆内还珍藏有一尊在苏默普尔附近的巴尔瓦纳发掘出的 9 世纪耆那教祖师吉瓦特·斯瓦米雕塑，这尊雕塑完美地展现了该地区高超的铜铸造工艺。另一尊引人驻足的雕塑作品是有十头、五十四臂、手执武器的母神迦利。这座 18 世纪的雕像描绘了奥瓦塔库尔的家族神灵。自 1857 年起，这位神祇一直是由塔库尔领导的追求自由的战士们的动力之源。1909 年，这座雕像开始在阿杰梅尔的拉杰普塔纳博物馆里进行展示。1991 年，斯里·班加尔博物馆开放，由于这座雕像是由巴利当地的石匠雕刻而成，便被带回了斯里·班加尔博物馆，一直展示至今。

　　馆内收藏有众多很有渊源的展品，能够展现当地加拉西亚部落的艺术水平和工艺特色的珍宝比比皆是。巴利地区的匠人精于雕刻各种木制品，这座博物馆的兴建也为这些展品提供了安放之所。通过一览这些颇具文化气息的展品，人们对当地的早期生活状况得以窥见一斑。同拉贾斯坦邦其他各地的博物馆一样，巴利博物馆也收藏有大量宝剑、匕首、盾牌、重型武器和大炮等武器装备。

萨拉斯瓦蒂女神，粉褐色石，尼玛吉的玛卡曼迪神庙，9—10世纪，51×51cm，编号152

　　萨拉斯瓦蒂是学习与艺术之神。塑像中，女神优雅地坐在两根柱子中间的莲花座上。她一双手持乐器，另外一双手一只拿着荷花，另一只拿着书卷。雕塑的表情沉静安详，身着半透明的衣衫和围巾，围巾的两端随风飘扬。一条珍珠项链从她丰满的双乳间垂到她的腰带附近。女神佩戴有耳环、手镯、脚镯等，并把头发高高束起，用珠子串成的发饰绑成发髻。

一名女子的头部，石质，尼玛吉村，9—10世纪，43.5×31.5cm，编号P 69

　　这件展品可能是更大体积雕塑的一小部分。雕塑中的女子姿容优雅，脸颊丰满，低垂着双眸，鼻子挺直，嘴唇丰厚，下巴稍稍前倾。她的头发以笈多时期惯用的发式束起。从雕塑残存的头部和耳部判断，这名女子很可能是一位歌唱艺人。

女神迦利，黑色大理石，奥瓦村，18世纪晚期，106.7cm（长），编号6

    这尊女神像面露凶相，是1857年自由运动奥瓦村革命力量的动力之源。匠人用黑色的大理石精巧地雕塑出女神迦利，描绘出她的10张面孔和54条胳膊。工匠先在大理石上雕刻出女神的形象，随后为其打磨并抛光。女神的形象非常凶狠，中间的面孔有舌头从口中伸了出来，两侧其他几副面孔呈现出动物头颅的样子。女神的每只手中都握有武器，身上披挂有一圈由骷髅头组成的串珠。

吉瓦特·斯瓦米，黄铜，马尔瓦的巴尔瓦纳村，8—9世纪，47.5×15.1cm，编号127

    摩诃毗罗在放弃王位，进行苦修前名为吉瓦特·斯瓦米。塑像所塑造的吉瓦特还是个王子，他衣饰华丽，身披彩带。这样的雕塑形象与其他描绘王子皈依耆那教后的沉思像、站立像或坐像形成了鲜明的对比。在当时，吉瓦特·斯瓦米的塑像在古吉拉特邦和拉贾斯坦邦非常盛行。图中的雕塑非常精美，描绘出身披彩带、佩戴珠宝的祖师以卡塔加斯纳姿态站立。从雕塑下部可以看出，这部分雕塑在使用时应该还配有一个基座。

毗湿奴，灰石，哈萨杜村，10世纪，40.6×24.1cm，编号15

　　这座雕塑塑造了一位身着华丽衣饰、手执法器的四臂毗湿奴，他的身后有一面美丽的日轮。雕像顶部左右两侧各雕刻有身披花环的佛陀，毗湿奴的右手边是桑哈普鲁沙和斯里德维，左侧则是查克拉普鲁士和伽楼罗。这件珍品完美地展现了中世纪雕刻水平之高超，就连主神身旁的附属人物也被工匠刻画得细致入微、栩栩如生。

考古学家在甘尼什瓦、苏纳里和加拉瓦·阿什兰遗址附近收集了许多考古遗产，而且来自 10 世纪时期锡格尔附近的哈沙神庙的各种雕塑和建筑遗存等珍贵的历史珍宝奠定了律浩博物馆的基础，于是，拉贾库马尔·哈达亚尔·辛格博物馆便应运而生。

哈沙是帕什帕教派追随者所崇拜的湿婆的一种化身，也是锡格尔历代皇帝所信仰的家族神灵，哈沙神庙便是为供奉哈沙而修建的。人们在这座神庙的遗址发现了众多铭文，大多记载了神庙的土地来自不同的渠道和捐赠者，最早的记录可追溯到公元 956 年。神庙在中世纪遭到毁坏，只剩下各种雕塑和建筑遗存散落在当地。锡格尔的领袖拉奥·拉贾·维克拉姆·辛格命人收集起这些材料，并将其展示在拉姆利拉附近的花园里。为纪念他已故的父亲哈达亚尔·辛格，这位领袖特将他的私人收藏转赠给地方政府，令公众得以一览这些珍贵文物的风采。由此而来的大型建筑遗存和小石像等总计 252 座都是辛格博物馆的珍贵展品。

锡格尔博物馆堪称珍贵的雕塑宝库，收藏有大量的湿婆教和毗湿奴派的石雕，完美地将各种不同的艺术形式糅合到一起。拉贾斯坦的雕塑家们也创造了绝佳的融合作品，其中一些杰作在哈沙山附近已被人们发现。其中比较著名的是一组共同塑造了梵天、毗湿奴、湿婆和苏利耶等诸神的雕塑，名为哈利哈拉 – 皮塔马哈 – 玛尔塔坦德。馆内还展示有一座著名的十世界护法迪卡帕拉的石像，最初是在纳高尔县地区的苏德拉桑村发现的，都是十分值得一览的宝物。

博物馆内单独开辟了一个展馆，用以展示在耆那教万神殿内的铜像。这些青铜像多是在纳高尔县加劳地区的农田里发现的。依照印度《无主珍宝法案》中的相关规定，这些具有古董价值的物品已经被发掘，应归属政府，而不属于所在土地的主人。因此，这些铜像为考古和博物馆部所有。人们在加劳发现的雕塑中有十尊耆那教蒂尔丹嘉，即渡津者的铜像，其中八尊铜像标注有日期，制作完成日期从公元 957 年一直到 1038 年。少数几尊铜像没有注明日期，据推测应是在公元 10 世纪制作完成的。

馆内还珍藏有几幅微缩绘画作品和装饰性艺术物品。

四大星宿，深粉红岩，锡格尔的哈沙神庙，10世纪，68.5×43.2cm，编号22

    图中展示的雕塑已略显残缺，工匠非常细致地雕刻出了舒克拉、沙尼、拉祜和克图这四大星宿。雕塑中，年轻的舒克拉和留着胡子的沙尼手持名为"卡曼达卢"的水壶，他们的脚下有两名身形较为矮小的崇拜者。另一侧，拉祜只有半截身子，一旁的克图则头戴一顶由三条蛇的兜帽组成的遮蔽装饰，正将他的蛇尾盘在莲花座上。雕塑最左侧是一位女士，微微举起一只手，这部分雕塑也自此处断裂开来。这个展品是对行星神祇极为美丽的描绘作品之一。

左图

门侧装饰的残存部分，深粉色岩，哈沙神庙，10世纪，57×111cm，编号269

图中展示的雕塑非常优雅细致，能以这种门侧柱做装饰的庙宇想必一定是一座非常高雅美丽的建筑物。这截门侧装饰的残存部分很可能刻画了毗湿奴的看门人，他的右边侍立着河流女神亚穆纳和她的坐骑，左边则是手持乐器的女神萨拉斯瓦蒂。亚穆纳和萨拉斯瓦蒂都站在倒置、盛开的莲花的遮蔽下。三位主人物上面雕刻有三组甜蜜的夫妇。

下图

一截装饰柱，石质，哈沙神庙，10世纪，60×49cm，编号404

这截柱子共有三个水平装饰层，最上面第一部分的装饰层简简单单地点缀着叶子图案，第二部分的装饰层雕刻着基尔提姆库斯光辉荣耀的面容，另以花环和垂花饰做装饰，而最下面的装饰层则塑造出众多人物，正在开心地唱歌和跳舞。

勒舍婆那陀，金属，纳高尔县加劳村，1006年，34×24.5cm，编号107

　　勒舍婆那陀，是第一任耆那教蒂尔丹嘉，即渡津者，被耆那教徒尊为世界的创造者——是他将艺术和手工艺术带到了人间。在雕塑中，勒舍婆那陀以跏趺坐的姿势坐在由狮子托起来的、刻有九位行星神祇的宝座之上。宝座的上半部分雕刻着修行者和骑大象的人们，还有几位侍从陪伴在这位神祇之侧。雕塑上的铭文标记有：制作于维克拉姆历日期1063年。

"查克里"，主轴螺纹，铜质，甘纳什沃，前3000年左右，3.50cm（直径），编号128

这枚有着六个叶片的查克里，很可能是一枚专门为女士设计的发夹。它由一片薄薄的铜板制成，中间有两个圆孔可以用来固定发带。扇形的叶片上点缀有压制成型的叶子图案。

箭头，铜质，甘纳什沃，铜器时代，前3000年左右，5.6cm（长），编号123

这枚三角形的箭头非常尖锐，尾端的两侧也是弯曲、锐利的，中间设计有一个小洞，使其更容易被装到弓箭上。这枚箭头也是由薄薄的铜片制成的。

毗湿奴的乌龟化身，白石，阿哈尔，10世纪，61cm（长），编号14

  毗湿奴的第二种化身是一只巨大的乌龟，象征着世界的广袤。图中的雕塑里，展示有一棵开出硕大花朵的椰子树。据传，这棵椰子树可以满足信徒的愿望。展开的花瓣上托起这只大乌龟，其身旁放置着毗湿奴的四件法器：莲花、金刚杵、善见法轮和法螺。完成这件作品的工匠非常精细，连法器附近名为"加雅沙尔杜尔"的狮子和名为"玛卡拉斯"的鳄鱼的细节都雕刻得细致入微。

阿哈尔是古城阿加特布尔，如今隶属于乌代布尔。R.C. 阿格拉沃尔和 H.D. 萨卡利亚在阿哈尔发掘了多处遗址，在这一过程中，许多能展现该地历史文化的珍宝得以重见天日，其中包括在拉贾斯坦东南部发现的，大约在公元前2000年制成的后哈拉帕红铜时代的黑红陶器。阿哈尔遗址博物馆于1961年正式向公众开放，馆内陈列各种在阿哈尔遗址发掘出的罐子、珠子、金属物件、硬币和雕塑等。馆内珍藏的展品非常值得一览，包括一尊毗湿奴乌龟化身的石雕和一座较大的耆那教圣者的铜像。

侧刮刀，白云石，奇陶加尔的甘比里河畔，新石器时代，9.6×8.4×2.8cm，编号272

图中展示的侧刮刀是由白云石碎石块制成的，刀锋尖利，边缘较宽。石头碎裂的痕迹从刀锋一直延伸到石头背面。随着工具制造技术不断发展，在旧石器时代的中后期，这种刮刀逐渐成为继手工斧头之后人们最常用的工具类型，可用于切割、刮擦，也可以用来剥取动物的皮毛。

耆那教祖师，铜质，阿哈尔，8世纪，64cm（高），编号15

　　图中这尊雕塑的耆那教祖师以冥想的姿态端坐。他的头上有肉髻，颈部有多重皱褶，若是以古代的审美标准来衡量，这种形象堪称完美。雕塑自腰部以下断裂开来。在过去几个世纪里，拉贾斯坦南部的各大中心区域，包括皮尔瓦拉、普拉塔普加、沙赫布勒和乌代布尔等地，都盛产这种金属雕像。这种传统延续至今，如今当地的巴拉瓦部落还在从事金属雕像制造。图中展示的这尊雕塑很可能便是在巴拉瓦的工坊里制造出来的。

装饰性的圆形雕塑，石质，乌代布尔，14—15世纪，76.2cm（直径），编号59

    在古代的时候，这种装饰性的圆形雕塑有多种主题，包括各种植物的图案、神话中的鸟兽、世俗人物或神祇等，多用作装饰性的用途。图中展示的圆形雕塑的中心刻画有骑在伽楼罗背上的毗湿奴，他的身边环绕着数百条盘成团的大蛇和由众蛇缠绕而成的锁链。这些蛇是毗湿奴永远的敌人。

赫拉姆王子的头巾，棉，梅瓦尔，17世纪早期，编号886

　　这件头巾具有非常重要的历史意义，曾是莫卧儿沙·贾汗皇帝（统治期为1628—1658年）年轻时所佩戴之物，当时的贾汗皇帝还是赫拉姆王子，当初他起兵反对父亲贾汗季的统治，于公元1620年在乌代布尔住了四个月。在此期间，他将曾佩戴过的头巾献给了卡伦·辛格王公（统治期为1620—1628年），与王公互换信物以示兄弟情义。这条头巾最初是用白布制成的，以金线和银线刺绣了图案。不过随着岁月的变迁，头巾已经褪去了颜色。

乌代布尔是昔日的梅瓦尔王国，也曾是拉杰普塔纳最为古老强大的一个王国。政府博物馆坐落于城市宫殿之内，馆藏的珍宝充分展现出拉杰普塔纳伟大而深厚的历史文化。最初的博物馆名为"维多利亚女王大厅博物馆"，建成于1887年。当时正值女王加冕的银禧庆典，人们为了致敬维多利亚女王（统治期为1819—1901年）特地建成这座博物馆。乌代布尔统治者西晶·辛格王公（统治期为1874—1884年）在建造维多利亚大厅的同时，又命人修建了西晶·尼瓦斯花园宫殿，又称"高丽巴"。1890年11月2日，总督兰斯顿勋爵宣布博物馆投入使用。1968年，馆内的展品被转移到皮秋拉湖湖畔城市宫殿的希萨布·达夫塔之中。

　　在博物馆创建初期，19世纪晚期，馆内主要展览各种具有历史价值的珍宝和具有动物学和解剖学意义的展品。当时的著名历史学家高利桑卡尔·希拉昌德·奥哈博士担任博物馆的创始人兼馆长，在他与诸多同事的不懈努力之下，博物馆得以收集各种不同领域、不同风格的珍宝；此外，大量精美的铭文、硬币和雕塑等也被纳入博物馆馆藏之中。这之后，部分皇家服饰、纺织品和当地手工制作品也成了馆内的珍宝。

　　应奥哈博士的邀请，王公从皇家军械库中挑选出一些武器装备，从画家珍宝屋中选出几件私人服装，连同王公祖先的几幅肖像画一起赠送给了博物馆。辛格王公还收藏有莫卧儿皇帝沙·贾汗（统治期为1628—1658年）还是赫拉姆王子时曾佩戴过的头巾。这件头巾是件友好的信物——于公元1622年赠予梅瓦尔的马哈拉那卡伦·辛格（统治期为1620—1628年），以示交好之情。

　　日后，乌代布尔的这座博物馆归于拉贾斯坦邦政府的考古与博物馆部管辖，公共图书馆"斯瓦蒂·布罕达尔"也成为博物馆的一部分，其中收藏的插图书稿也成了博物馆馆藏珍品，极大地丰富了博物馆的宝藏。不仅如此，馆内还收藏有昔日梅瓦尔王国的大量题字和碑文等，大大推动了考古学家对梅瓦尔历史文化的相关研究。其中比较知名的作品有：在纳加里地区发现的哥苏迪铭文（公元前2世纪—前1世纪），其中有加贾亚纳·普萨利普特拉·萨尔瓦塔国王的相关记载；公元661年的昆达铭文，记述了梅瓦尔国王阿帕拉吉塔的事迹；公元

225 年的南达尤帕铭文等。馆内特别开辟出一个展览馆，由当时非常著名的建筑师苏特拉哈拉·曼达那设计策划，用以展示昆巴卡纳时代（统治期为 1433—1468 年）体积较大的贡珀尔格尔的碑刻。许多耆那教雕塑和铭文也是这一展览的一部分。

　　梅瓦尔的艺术家擅长制作各种插图书稿和《贝叶经》。尽管这些艺术作品多展示在不同的博物馆里，却无一不展现了梅瓦尔地区的艺术活动。公元 1260 年，有画家在阿加塔布尔（即现今的阿哈尔地区）创作了《萨瓦加·帕达卡曼·苏塔·春尼》，现在收藏在波士顿美术馆里。《苏帕纳查里亚姆》又称《苏帕什瓦纳特·查理特拉》，是在公元 1422 年至 1423 年间于马达帕塔的德瓦库拉瓦塔卡完成的，即在现今的梅瓦尔，目前展览于帕坦的吉安·布罕达尔。印度国内的绘画艺术在 17 世纪至 18 世纪发展迅速。在这一时期，上百幅经文、作品等得以完成，许多作品也是在此时首次得以附上插图。17 世纪晚期，在贾伊·辛格王公（统治期为 1680—1698 年）的统治时期，《马拉蒂·马哈瓦》《卡丹巴里》《普里斯维拉吉·拉索》和《苏尔萨尔》等文学作品也得以配上了精美的插图。基于《罗摩衍那》《巴格瓦塔·普拉纳》《摩诃婆罗多》《拉格玛拉》的故事也是拉杰普特宫廷画师非常热衷于创作的主题，乌代布尔也不例外。几部展现这些主题的绝佳艺术作品也在馆内得以展览。

俱毗罗，黑帕雷瓦石，8 世纪，班西，53.3×40.6cm，编号 117/1066

　　这座雕塑的主人公是俱毗罗，他正以半跏趺式的坐姿骑坐在坐骑大象的背上。主神俱毗罗是财富之神和北方护法。图中展示的这件展品称得上是拉贾斯坦邦中世纪艺术作品中的绝佳典范。雕塑中，俱毗罗右手拿着一只圆佛手柑，左手抱着一只口吐宝石的猫鼬。他大腹便便，面色平静安详，身上披着缀满珠宝的锦带。这座雕像与耆那教万神殿间的联系很有意思。俱毗罗头上所戴的冠冕之上雕刻有一个微型的耆那圣像，冠冕顶部还雕刻有另外一尊以同样姿态端坐的耆那教圣像。

"佩斯卡布兹"，波斯匕首，铁质，乌代布尔，19世纪，33cm，编号524

佩斯卡布兹是一种单刃的匕首，刀尖很细，在印度的北部地区非常流行。刀柄上多镶嵌有象牙、银制品，或碧玉等宝石。多数情况下，这种匕首并不会设置护手。图中展示的这把匕首铁刃部分有波浪形线条图案，刀柄呈马头状，镶嵌有金色的花纹图案。

"纳拉贾"，宝剑，乌代布尔，19世纪，86cm，编号512（522）

图中展示的这把宝剑多在仪式场合上使用，剑刃上带有波浪形线条的图案，刀柄呈现鹦鹉形状，另外镶嵌有金饰图案。

手杖，木质和象牙，未知，19世纪，94cm，编号335（340）

宫廷贵族多喜欢用象牙作为装饰，点缀各种实用物件。图中展示的手杖看起来平实朴素，却在顶端以象牙雕成狗头形状作为把手，并涂上漆，看起来非常新颖精美。

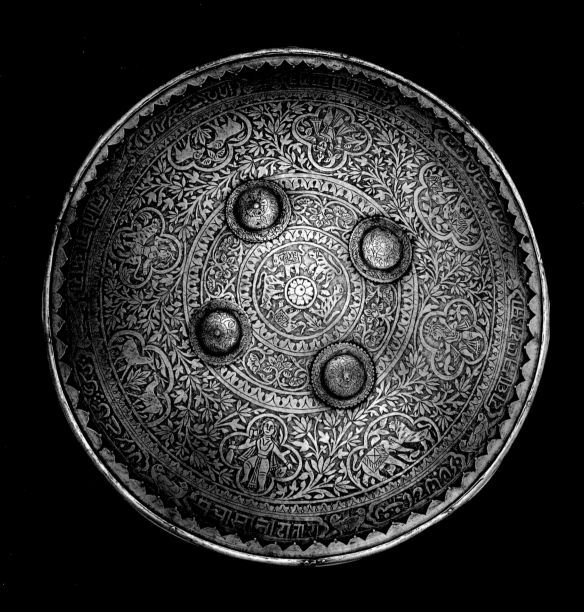

盾牌，铁和银，乌代布尔，19世纪，51cm，编号519（530）

这是一面金属盾牌，盾面以银饰作为点缀。正面雕刻有四个大大的圆环，最外围的圆环里写有天城体梵文和波斯文字。在另外三个圆环的区域内，工匠雕刻了许多花卉和动物的图案以及几处人物形象，周围环绕着各种符号和标志。

"哈扎尔·米吉"，战衣，布满金钉图案的天鹅绒战衣，乌代布尔，18世纪，98cm，编号363（980/4）

图中展示的短款战衣多半是之前拉贾斯坦的领袖或贵族穿戴的。

"哈扎尔·米吉"的字面意思是一千枚金钉。

箭袋，皮革，乌代布尔，19世纪，102cm，编号509（519）

配图中的箭袋略显圆锥形，箭筒很宽，顶部被人截去了一部分，以铃铛作为装饰。19世纪之前，印度各土邦的军队多使用箭袋。这种物件非常实用，多是以厚厚的棉花和皮革制成的，只不过，各地在箭袋上使用的装饰性花纹不尽相同。这件展品可能出自乌代布尔的部落地区，箭袋上作为装饰的金属铃铛就是当地工艺突出的一大特征。

"安库什"，驯象棒，金属，乌代布尔，19世纪，86cm（长），编号
194（197）

　　驯象棒是用来驯服、控制大象的工具，对驯象棒最早的记录可追溯
到佛陀时代《本生经》中的故事。图中的这一对展品镶嵌有金子做成的
装饰。驯象棒靠近顶端的位置有一头狮子和一头大象，正打得激烈，

**孔雀形的船只，象牙，乌代布尔，18世纪，29cm（长），编号281
（285）**

　　虽然在阿富汗和孟加拉两国已有贵族将象牙当作装饰元素的先例，
但是直到欧洲人踏足印度之后，印度国内才开始大规模使用象牙做装饰
物。图中的艺术品雕工精细，孔雀羽毛雕刻得细致入微，就连船上小棚
子的建筑设计细节都表现得一丝不苟。

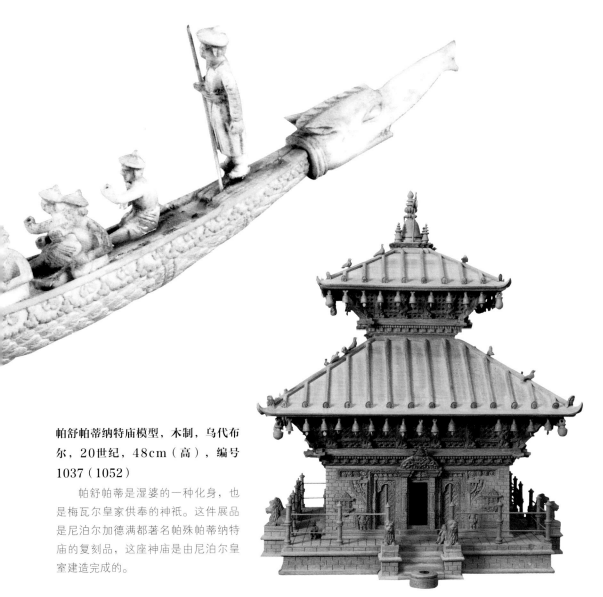

帕舒帕蒂纳特庙模型，木制，乌代布尔，20世纪，48cm（高），编号1037（1052）

帕舒帕蒂是湿婆的一种化身，也是梅瓦尔皇家供奉的神祇。这件展品是尼泊尔加德满都著名帕殊帕蒂纳特庙的复刻品，这座神庙是由尼泊尔皇室建造完成的。

"卡杜"，拖鞋，象牙，乌代布尔，18世纪，27.5×9cm，编号219（283）

印度神职人员多穿着这种名为"卡杜"的拖鞋。这种鞋子多以木头制成，镶嵌或点缀有各种雕刻图案。正统的耆那教教徒和印度教教徒多认为穿着皮革做成的拖鞋是对神灵的亵渎。因此，他们多穿着以木头或其他材料做成的鞋子。图中展示的拖鞋与普通拖鞋不同，是完全用象牙雕成的。

沙哈依·毗湿奴，黑帕雷瓦石，乌代浦，12世纪，46×112cm，编号 83

　　这座雕塑塑造出了毗湿奴的经典形象：他斜躺在神蛇沙哈依的身上，头顶是一片由那伽的七个兜帽组成的荫蔽，而毗湿奴的妻子拉克什米就坐在毗湿奴的脚边。不过，由于保存不当，拉克什米的双手部位已经破损。毗湿奴手中执着标志性的法器——法螺和金刚杵，他后侧的一只右手以指尖托起善见神轮。主神的肚脐处生出莲花，化生出创造世界的梵天。

难近母，金属，皮尔瓦拉，中世纪，8.9×5.1cm，编号14（151/1072）

　　这是一尊四臂的难近母神像。主神难近母以其中一只右手握住三叉戟，狠狠地刺入那头形似水牛的恶魔身体里，另外两只手分别握着宝剑和铃铛，最后一只手中提着恶魔的头颅。这种造像方式一举革新了当时艺术家在创作中所能展现的平衡感和人物姿态。

卢比，机制，由沙·阿勒姆二世发行，
银，加尔各答，19世纪，11.5克，编
号130（759/772）

图中展示的这枚银币是由穆尔斯希
达巴德的英国东印度公司加尔各答铸币
厂制成的。

正面：固定的日期，即AH1215（公
元1800年）。

背面：莫卧儿皇帝沙·阿勒姆二世
统治时期（统治期为1761—1805年）。

卢比，卡利玛型，由阿克巴发行，银，
16世纪，编号235（864/877）

阿克巴皇帝（统治期为1556—
1605年）在统治期的前29年下令发行
了卡利玛型的金银铸币。

正面："卡利玛"，虔诚的愿望。

背面：名称、铸币厂和年份，即"哈
尔德·阿拉·塔拉·穆尔卡·杰拉尔 –
丁·穆罕默德·阿克巴·巴德沙·加齐·扎
布 _AH995年（公元1586年）"。不过，
生产金币的铸币厂名称已经不清楚了。

克里希纳和阿周那之间的对话，《薄伽梵歌》中的插画，纸上水彩画，17世纪末期，梅瓦尔，37×26cm，编号1097/22/632

  《薄伽梵歌》约创作于公元前 2 世纪到公元 2 世纪期间，叙述了《摩诃婆罗多》中的一段故事，记述了在俱卢之野战争前，般度王的第三子阿周那和黑天神克里希纳在战场上的对话。图中展示的插图部分讲述了在战争开始前，阿周那看到自己许多亲戚和朋友都在对面的敌对阵营里，感到十分困惑与难过，临阵犹豫应不应该杀死他们。黑天神克里希纳则劝导他应舍弃个人恩怨、坚持不受行为业力束缚的信仰完成任务，阿周那则祈求克里希纳为自己展现神宇宙一体的终极形态。

《萨朗·塔塔瓦》中的一幅插图，纸上水彩画，17世纪末期，梅瓦尔，42.5×27cm，编号1067（1083 B） 15/54

　　梅瓦尔的王公贾伊·辛格（统治期为1680—1698年）委任工匠为17世纪的梵语剧作和哲学题材艺术作品配上插图。《萨朗·塔塔瓦》系列著作中总共有54幅绘画，正是在此时完成的。这部对开本的作品展现了印度哲学的基本信念，并且教导人们：出生在这个世界上的人们终有一日会在这个"注定会走向毁灭的"世界里走向死亡,谁也无法逃离死神，就连萨迦、巴吉拉塔、尤迪希提拉等伟大的国王也不可能在这个世界上永生。为此，人们应当多做善事，永远铭记这个道理。画作的顶部以小字记录了几位国王的姓名，主体画面中几位国王正团团坐在一处。这幅绘画作品的背景呈现出17世纪的特色。

特色博物馆信息

阿杰梅尔
拉杰普塔纳博物馆

官方名称: 阿杰梅尔政府博物馆

馆藏: 雕塑、出土材料、铭文等

负责人: 尼拉杰·库马尔·特里帕蒂

地址: 阿杰梅尔纳亚·巴扎阿克巴堡

电话:（0145）2620637

网页: http://museumsrajasthan.gov.in/museum/ajmer

开放时间: 中午 12:00 到晚上 8:00

假日: 周一（维护日）、杜莱蒂日（胡里节第二日）

票价:

7 岁以下儿童免费入馆

一般票价:

印度游客:

成人票价: 20 印度卢比

*学生票价: 10 印度卢比

国外游客:

成人票价: 100 印度卢比

*学生票价: 50 印度卢比

*购买学生票需要提供有效身份凭证

阿尔瓦尔
城市宫殿博物馆

官方名称: 阿尔瓦尔政府博物馆

馆藏: 雕塑、铭文、微型绘画作品、武器和装备、木制物品、手稿、服装、硬币、当地工艺品等

负责人: 普拉蒂巴·亚达夫

地址: 阿尔瓦尔马哈尔乔克城市宫殿

电话:（0144）2331122

网页: http://museumsrajasthan.gov.in/museum/alwar

开放时间: 上午 9:45 到下午 5:15

假日: 周一（维护日）、杜莱蒂日（胡里节第二日）

票价:

7 岁以下儿童免费入馆

一般票价:

印度游客:

成人票价: 20 印度卢比

*学生票价: 10 印度卢比

国外游客:

成人票价: 100 印度卢比

*学生票价: 50 印度卢比

* 购买学生票需要提供有效身份凭证

各学生团体可持各自学院的推荐凭证，在每日 10:00 至中午 12:00 免费入馆

10. 免费入馆日：

3 月 30 日：拉贾斯坦邦迪亚斯节

4 月 18 日：世界文化遗产日

5 月 18 日：世界博物馆日

9 月 27 日：世界旅游日

3 月 30 日：拉贾斯坦邦迪亚斯节

4 月 18 日：世界文化遗产日

5 月 18 日：世界博物馆日

9 月 27 日：世界旅游日

比卡内尔
甘加金禧纪念博物馆

官方名称： 比卡内尔甘加政府博物馆

馆藏： 陶艺制品、铭文、微型绘画、武器装备、出土材料、当地手工艺品等

负责人： 索汉·拉尔·乔杜里

地址： 比卡内尔 334001 号　谢里·甘加政府博物馆卓拉哈

电话：（0151）2528894

网页： http://museumsrajasthan.gov.in/museum/bikaner

开放时间： 中午 12:00 到晚上 8:00

假日： 周一（维护日）、杜莱蒂日（胡里节第二日）

票价：

7 岁以下儿童免费入馆

一般票价：

印度游客：

成人票价 20 印度卢比

* 学生票价 10 印度卢比

国外游客：

成人票价 100 印度卢比

* 学生票价 50 印度卢比

* 购买学生票需要提供有效身份凭证

各学生团体可持各自学院的推荐凭证，在每日 10:00 至中午 12:00 免费入馆

免费入馆日：

珀勒德布尔
罗哈格堡博物馆

官方名称： 珀勒德布尔政府博物馆

馆藏： 雕塑、陶艺制品、铸币、武器和装备等

负责人： 摩哂陀·阿维斯米

地址： 珀勒德布尔罗哈格堡

电话：（05644）228185

网页： http://museumsrajasthan.gov.in/museum/bharatpur

开放时间： 中午 12:00 到晚上 8:00

假日： 周一（维护日）、杜莱蒂日（胡里节第二日）

票价：

7 岁以下儿童免费入馆

一般票价：

印度游客：

成人票价： 20 印度卢比

* **学生票价：** 10 印度卢比

国外游客：

成人票价： 100 印度卢比

* **学生票价：** 50 印度卢比

* 购买学生票需要提供有效身份凭证

免费入馆日：

3 月 30 日：拉贾斯坦邦迪亚斯节

4 月 18 日：世界文化遗产日

5 月 18 日：世界博物馆日

9 月 27 日：世界旅游日

奇陶加尔

法塔赫·普拉卡什宫殿博物馆

官方名称：奇陶加尔政府博物馆

馆藏：石像、武器装备、油画作品、铸币、陶艺制品、考古材料等

负责人：希曼舒·辛格

地址：奇陶加尔法塔赫·普拉卡什宫殿

电话：（01472）244192

网页：http://museumsrajasthan.gov.in/museum/chittorgarh

开放时间：上午 9:45 到下午 5:15

假日：周一（维护日）、杜莱蒂日（胡里节第二日）

票价：

7 岁以下儿童免费入馆

一般票价：

印度游客：

成人票价 20 印度卢比

*学生票价 10 印度卢比

国外游客：

成人票价 100 印度卢比

*学生票价 50 印度卢比

*购买学生票需要提供有效身份凭证

各学生团体可持各自学院的推荐凭证，在每日 10:00 至中午 12:00 免费入馆

免费入馆日：

3 月 30 日：拉贾斯坦邦迪亚斯节

4 月 18 日：世界文化遗产日

5 月 18 日：世界博物馆日

9 月 27 日：世界旅游日

栋格尔布尔

拉马塔拉·德文德拉·库马依博物馆

官方名称：栋格尔布尔政府博物馆

馆藏：石像、铭文、金属神像、铸币、瓦加德部落文化等

负责人：不详

地址：栋格尔布尔新医院附近

电话：（0296）4230262

网页：http://museumsrajasthan.gov.in/museum/dungarpur

开放时间：上午 9:45 到下午 5:15

假日：周一（维护日）、杜莱蒂日（胡里节第二日）

票价：

7 岁以下儿童免费入馆

一般票价：

印度游客：

成人票价 20 印度卢比

*学生票价 10 印度卢比

国外游客：

成人票价 100 印度卢比

*学生票价 50 印度卢比

*购买学生票需要提供有效身份凭证

各学生团体可持各自学院的推荐凭证，在每日 10:00 至中午 12:00 免费入馆

免费入馆日：

3 月 30 日：拉贾斯坦邦迪亚斯节

4 月 18 日：世界文化遗产日

5 月 18 日：世界博物馆日

9 月 27 日：世界旅游日

斋浦尔
阿尔伯特大厅博物馆

官方名称：斋浦尔政府中央博物馆

馆藏：地毯、雕塑、织物、金属物品、诗作、埃及遗存、绘画作品、装饰艺术、乐器和武器等

负责人：不详

地址：斋浦尔 302004 号　拉姆尼斯·巴格阿尔伯特大厅

电话：（0141）2570099

网页：http://alberthalljaipur.gov.in/

开放时间：上午 9:00 到下午 5:00；晚上 7:00 到 10:00

假日：4 月到 9 月：周一；10 月到 3 月：周二（维护日）、杜莱蒂日（胡里节第二日）

票价：

7 岁以下儿童免费入馆

一般票价（仅限参观博物馆）

印度游客：

成人票价 40 印度卢比

*学生票价 20 印度卢比

国外游客：

成人票价 300 印度卢比

*学生票价 150 印度卢比

组合票价：两天之内有效，可参观琥珀城堡、阿尔伯特大厅、风之宫殿、詹塔尔曼塔（观测台）、纳哈格尔堡、维迪亚达花园、西索迪亚·拉尼花园和伊萨拉特

印度游客：

成人票价 300 印度卢比

*学生票价 40 印度卢比

国外游客：

成人票价 1000 印度卢比

*学生票价 200 印度卢比

夜间访问票价（晚上 7:00 到 10:00）：

印度游客：

成人票价 100 印度卢比

*学生票价 100 印度卢比

国外游客：

成人票价 100 印度卢比

*学生票价 100 印度卢比

*购买学生票需要提供有效身份凭证

各学生团体可持各自学院的推荐凭证，在每日 10:00 至中午 12:00 免费入馆

免费入馆日：

3 月 30 日：拉贾斯坦邦迪亚斯节

4 月 18 日：世界文化遗产日

5 月 18 日：世界博物馆日

9 月 27 日：世界旅游日

斋浦尔（暂未获得更新信息）
萨瓦·曼·辛格市政大厅博物馆

官方名称：斋浦尔市政大厅

馆藏：石像、陶艺制品、微型绘画作品、铭文、铸币、装饰艺术等

负责人：不详

地址：斋浦尔旧维德汉·萨巴·巴旺市政大厅

电话：不详

网页：http://museumsrajasthan.gov.in/museums.htm

开放时间：不详

假日：不详

　　这座博物馆正在修缮中

杰伊瑟尔梅尔
政府博物馆

官方名称：杰伊瑟尔梅尔政府博物馆

馆藏：陶器、雕塑、铭文、微型绘画作品、乐器、铸币等

负责人：尼兰詹·普罗希特

地址：杰伊瑟尔梅尔 RTDC 莫马尔酒店附近

电话：（02992）251310

网页：http://museumsrajasthan.gov.in/museum/jaisalmer

开放时间：中午 12:00 到晚上 8:00

假日：周一（维护日）、杜莱蒂日（胡里节第二日）

票价：

7 岁以下儿童免费入馆

一般票价：

印度游客：

成人票价 20 印度卢比

*学生票价 10 印度卢比

国外游客：

成人票价 100 印度卢比

*学生票价 50 印度卢比

*购买学生票需要提供有效身份凭证

各学生团体可持各自学院的推荐凭证，在每日 10:00
至中午 12:00 免费入馆

免费入馆日：

3 月 30 日：拉贾斯坦邦迪亚斯节

4 月 18 日：世界文化遗产日

5 月 18 日：世界博物馆日

9 月 27 日：世界旅游日

焦特布尔
萨达尔博物馆

官方名称：焦特布尔萨达尔政府博物馆

馆藏：石像、铭文、微型绘画作品、陶制品、金属制品、
武器、铸币、装饰艺术、手工制品等

负责人：不详

地址：焦特布尔 342001 号 高等法院路附近乌玛德
花园

电话：（0291）2552022

网页：http://museumsrajasthan.gov.in/museum/jodhpur

开放时间：上午 9:45 到下午 5:15

假日：周一（维护日）、杜莱蒂日（胡里节第二日）

票价：

7 岁以下儿童免费入馆

一般票价：

印度游客：

成人票价 20 印度卢比

*学生票价 10 印度卢比

国外游客：

成人票价 100 印度卢比

*购买学生票需要提供有效身份凭证

*学生票价 50 印度卢比

各学生团体可持各自学院的推荐凭证，在每日 10:00
至中午 12:00 免费入馆

免费入馆日：

3 月 30 日：拉贾斯坦邦迪亚斯节

4 月 18 日：国际古迹遗址日

5 月 18 日：世界博物馆日

9 月 27 日：世界旅游日

恰勒瓦尔
政府博物馆

官方名称：恰勒瓦尔政府博物馆

馆藏：雕塑、铸币、武器、书稿、绘画作品等

负责人：不详

地址：恰勒瓦尔加哈尔宫

电话：（07432）230099

网页：http://museumsrajasthan.gov.in/museum/jhalawar

开放时间：上午 9:45 到下午 5:15

假日：周一（维护日）、杜莱蒂日（胡里节第二日）

票价：

7 岁以下儿童免费入馆

一般票价：

印度游客：

成人票价 20 印度卢比

*学生票价 10 印度卢比

国外游客：

成人票价 100 印度卢比

*学生票价 50 印度卢比

*购买学生票需要提供有效身份凭证

各学生团体可持各自学院的推荐凭证，在每日 10:00
至中午 12:00 免费入馆

免费入馆日：

3 月 30 日：拉贾斯坦邦迪亚斯节

4 月 18 日：世界文化遗产日

5 月 18 日：世界博物馆日

9 月 27 日：世界旅游日

科塔

布拉克·维拉斯宫殿博物馆

官方名称：科塔布拉克·维拉斯·巴旺政府博物馆

馆藏：铭文、雕塑、绘画作品、铸币、武器、服装、书稿、出土材料等

负责人：乌姆罗·辛格

地址：科塔 324001 号　纳亚普拉布拉克·维拉斯·巴凡

电话：（0744）2328443

网页：http://museumsrajasthan.gov.in/museum/kota

开放时间：上午 9:45 到下午 5:15

假日：周一（维护日）、杜莱蒂日（胡里节第二日）

票价：

7 岁以下儿童免费入馆

一般票价：

印度游客：

成人票价 20 印度卢比

*学生票价 10 印度卢比

国外游客：

成人票价 100 印度卢比

*学生票价 50 印度卢比

*购买学生票需要提供有效身份凭证

各学生团体可持各自学院的推荐凭证，在每日 10:00 至中午 12:00 免费入馆

免费入馆日：

3 月 30 日：拉贾斯坦邦迪亚斯节

4 月 18 日：世界文化遗产日

5 月 18 日：世界博物馆日

9 月 27 日：世界旅游日

门德索尔

扎纳·巴赫博物馆

官方名称：门德索尔政府博物馆

馆藏：石雕、铭文、微缩绘画作品等

负责人：不详

地址：焦特布尔门德索尔扎纳纳·马哈尔

电话：（0291）2545353

网页：http://museumsrajasthan.gov.in/museum/mandore

开放时间：上午 9:45 到下午 5:15

假日：周一（维护日）、杜莱蒂日（胡里节第二日）

票价：

7 岁以下儿童免费入馆

一般票价：

印度游客：

成人票价 20 印度卢比

*学生票价 10 印度卢比

国外游客：

成人票价 100 印度卢比

*学生票价 50 印度卢比

*购买学生票需要提供有效身份凭证

各学生团体可持各自学院的推荐凭证，在每日 10:00 至中午 12:00 免费入馆

免费入馆日：

3 月 30 日：拉贾斯坦邦迪亚斯节

4 月 18 日：世界文化遗产日

5 月 18 日：世界博物馆日

9 月 27 日：世界旅游日

阿布山

拉杰·巴凡政府博物馆

官方名称：阿布山政府博物馆

馆藏：雕塑、微缩绘画作品、铭文、铸币、武器装备等

负责人：不详

地址：主邮局对面的拉吉·巴旺

电话：（02974）238177

网页：http://museumsrajasthan.gov.in/museum/mountabu

开放时间：上午 9:45 到下午 5:15

假日：周一（维护日）、杜莱蒂日（胡里节第二日）

票价：

7 岁以下儿童免费入馆

一般票价：

印度游客：

成人票价 20 印度卢比

* 学生票价 10 印度卢比

国外游客：

成人票价 100 印度卢比

* 学生票价 50 印度卢比

* 购买学生票需要提供有效身份凭证

各学生团体可持各自学院的推荐凭证，在每日 10:00 至中午 12:00 免费入馆

免费入馆日：

3 月 30 日：拉贾斯坦邦迪亚斯节

4 月 18 日：世界文化遗产日

5 月 18 日：世界博物馆日

9 月 27 日：世界旅游日

巴利

班加尔博物馆

官方名称：巴利斯里·班加尔政府博物馆

馆藏：加西亚部落服装和珠宝、石雕、铭文、铜板、中世纪铸币、微型绘画作品、陶艺作品、金属物件、武器等

负责人：伊姆兰·阿里

地址：拉贾斯坦邦 306401 号　巴利马哈维尔纳加尔

尼赫鲁纳加尔

电话：（02932）225177

网页：http://museumsrajasthan.gov.in/museum/pali

开放时间：中午 12:00 到晚上 8:00

假日：周一（维护日）、杜莱蒂日（胡里节第二日）

票价：

7 岁以下儿童免费入馆

一般票价：

印度游客：

成人票价 20 印度卢比

* 学生票价 10 印度卢比

国外游客：

成人票价 100 印度卢比

* 学生票价 50 印度卢比

* 购买学生票需要提供有效身份凭证

各学生团体可持各自学院的推荐凭证，在每日 10:00 至中午 12:00 免费入馆

免费入馆日：

3 月 30 日：拉贾斯坦邦迪亚斯节

4 月 18 日：世界文化遗产日

5 月 18 日：世界博物馆日

9 月 27 日：世界旅游日

锡格尔

拉贾库马尔·哈达亚尔·辛格博物馆

官方名称：锡格尔政府博物馆

馆藏：出土材料、雕塑、拉格玛拉细密画等

负责人：不详

地址：锡格尔 332001 号　桑瓦利路巴拉塔拉布附近

电话：（01572）257473

网页：http://museumsrajasthan.gov.in/museum/sikar

开放时间：中午 12:00 到下午 8:00

假日：周一（维护日）、杜莱蒂日（胡里节第二日）

票价：

7 岁以下儿童免费入馆

一般票价：

印度游客：

成人票价 20 印度卢比

* 学生票价 10 印度卢比

国外游客：

成人票价 100 印度卢比

*学生票价 50 印度卢比

*购买学生票需要提供有效身份凭证。

各学生团体可持各自学院的推荐凭证，在每日 10:00
至中午 12:00 免费入馆。

免费入馆日：

3 月 30 日：拉贾斯坦邦迪亚斯节

4 月 18 日：世界文化遗产日

5 月 18 日：世界博物馆日

9 月 27 日：世界旅游日

乌代布尔

阿哈尔遗址博物馆

官方名称： 阿哈尔政府博物馆

馆藏： 黏土文物、陶艺制品、装饰艺术、雕塑等

负责人： 维尼特·古德哈尔博士

地址： 乌代布尔阿哈尔坦巴瓦提·马尔格

电话：（0294）2470004

网页： http://museumsrajasthan.gov.in/museum/ahar

开放时间： 上午 9:45 到下午 5:15

假日： 周一（维护日）、杜莱蒂日（胡里节第二日）

票价：

7 岁以下儿童免费入馆

一般票价：

印度游客：

成人票价 20 印度卢比

*学生票价 10 印度卢比

国外游客：

成人票价 100 印度卢比

*学生票价 50 印度卢比

*购买学生票需要提供有效身份凭证

各学生团体可持各自学院的推荐凭证，在每日 10:00
至中午 12:00 免费入馆

免费入馆日：

3 月 30 日：拉贾斯坦邦迪亚斯节

4 月 18 日：世界文化遗产日

5 月 18 日：世界博物馆日

9 月 27 日：世界旅游日

乌代布尔

政府博物馆

官方名称： 乌代布尔政府博物馆

馆藏： 雕塑、铭文、铸币、绘画作品、赫拉姆王子的
头巾、武器装备、梅瓦尔绘画作品等

负责人： 暂缺

地址： 乌代布尔城市宫殿内

电话：（0294）2470004

网页： http://museumsrajasthan.gov.in/museum/udaipur

开放时间： 上午 9:45 到下午 5:15

假日： 周一（维护日）、杜莱蒂日（胡里节第二日）

票价：

7 岁以下儿童免费入馆

一般票价：

印度游客：

成人票价 20 印度卢比

*学生票价 10 印度卢比

国外游客：

成人票价 100 印度卢比

*学生票价 50 印度卢比

*购买学生票需要提供有效身份凭证

各学生团体可持各自学院的推荐凭证，在每日 10:00
至中午 12:00 免费入馆

免费入馆日：

3 月 30 日：拉贾斯坦邦迪亚斯节

4 月 18 日：世界文化遗产日

5 月 18 日：世界博物馆日

9 月 27 日：世界旅游日

其他相关博物馆

　　时至今日，拉贾斯坦邦内许多富丽堂皇的宫殿和城堡都成了知名的旅游胜地，殿内宽敞的大厅、华美的柱廊、精致的宅院和美丽的前厅等也转变成了著名的画廊和博物馆，各自展现着精美的贵族珍宝。斋浦尔、焦特布尔、比卡内尔和科塔等地区的皇族也分别在宫殿内兴建起博物馆，还有几座迷人的博物馆是由私人机构建设并管理的。多数博物馆的馆藏丰富，充分展示着当地的历史和艺术文化。许多私人收藏品也成了博物馆的展品，让各位研究人员、历史爱好者和游客有机会一览这些绝代的珍品。

斋浦尔贾瓦哈·卡拉·肯德拉

比卡内尔普拉华：艺术中心和博物馆

皇家珍品

比卡内尔

朱纳格格堡博物馆

· 皇家纪念品

· 武器装备

拉加尔宫萨斯里·萨德尔博物馆

· 私人记录

· 奖牌

· 奖杯

· 微型绘画创作

斋浦尔

萨瓦·曼·辛格二世王公博物馆（城市宫殿）

· 皇家纺织品

· 服装

· 武器

· 绘画作品

· 装饰艺术

杰伊瑟尔梅尔

城堡宫殿博物馆

· 雕塑

· 绘画作品

· 装饰艺术

焦特布尔

迈赫兰加尔堡博物馆

· 艺术珍宝

科塔

拉奥·马德霍·辛格信托博物馆

· 绘画作品

· 摄影作品

· 武器装备

乌代布尔

城市宫殿博物馆

· 艺术珍品

艺术和文化

斋浦尔

SRC 印度学博物馆

· 民俗艺术

杰伊瑟尔梅尔

加迪萨尔洛克·桑斯里蒂·桑格拉哈拉博物馆

· 地域民间艺术

焦特布尔

乌姆德·巴哈博物馆

· 拉贾斯坦绘画作品

· 欧洲陶瓷

赫努曼格尔新加利亚

格拉莫坦·维迪亚皮斯博物馆

· 考古和历史材料

· 民间艺术

乌代布尔

巴蒂亚·洛克·卡拉·曼达尔博物馆

· 民间艺术

特色博物馆

比卡内尔

普拉华：文化中心和博物馆

· 纺织品和装饰艺术

斋浦尔

阿诺吉手工印花博物馆

· 木刻版印刷

贾瓦哈·卡拉·肯德拉文化中心

· 当地手工制品

焦特布尔

拉贾斯坦桑吉特·纳塔克·阿卡德米博物馆

· 乐器

琼丘农皮拉尼

比拉博物馆

· 科学与技术

原致谢

　　本书的写作工作是由拉贾斯坦邦政府的艺术、文化和文学部管理下的贾瓦哈·卡拉·肯德拉文化中心和考古与博物馆部共同承办的合资公司完成的。在肯德拉艺术中心历任总监和考古与博物馆部主要秘书的帮助和大力支持下，这一项目取得极大的进展。我们全体工作人员对他们在书籍编写工作中起到的积极作用表示真诚感谢。

　　我们要再次特别感谢拉贾斯坦邦考古与博物馆主任 B.L.吉普塔、历任博物馆总管、各位馆长和博物馆工作人员的大力协助。他们为本书的编写贡献了力量。各位工作人员积极回应我们提出的相关问题，甚至在清晨 6 点钟的时候为我们核查、验证目录的细节和书籍中涉及到的相关详细信息。

　　此外，我们也非常感谢各位孜孜不倦研究手工制品和古玩珍品的专家学者，他们在本书编写过程中贡献了巨大的力量，为各件展品提供了详细的说明。

　　我们也特别感谢贾瓦哈·卡拉·肯德拉文化中心，感谢总监阿莎·辛格女士对我们的无私帮助和大力支持，感谢中心增设总干事尼维迪塔·梅赫与我们开展的合作。博物馆内所有的官员和工作人员也都为本书的编写提供了支持，特此真诚感谢。

　　特此感谢新德里国家信息中心为我们提供书中使用的展品图片资料，也感谢斋浦尔拉贾斯坦图像社提供的大量关于建筑的图片和资料。

　　最后，我们想特别感谢 Mapin 出版社的拜平·沙阿，感谢他们的编辑和设计团队，在他们的全力帮助下，本书得以问世出版。

编者

贡献者名录

主管或馆长

阿杰梅尔　沙亚德·阿扎姆
阿尔瓦尔　巴宝拉·莫里亚
珀勒德布尔　卡普尔·钱德·夏尔马
比卡内尔　基山·拉尔和凯达纳斯·维亚斯
奇陶加尔　索汉·拉尔·乔杜里
栋格尔布尔、阿哈尔和乌代布尔　穆巴拉克·侯赛因
科塔和恰勒瓦尔　M·L·米娜
斋浦尔　潘卡·达兰德拉和瑞克·丘拉克
杰伊瑟尔梅尔　尼兰詹·普罗希特
焦特布尔和门德索尔　维兰德拉·卡维娅和查姆图哈·加洛特
阿布山　拉贾尼·康德·米什拉
巴利　沙拉德·比萨
锡格尔　乌姆罗·辛格

技术支持

JKK 馆长阿布尔·拉提夫
JKK 图书馆管理员阿拉达纳·德维维迪

学者

德文德拉·汉达
印度历史、考古学和古币学学者

拉詹德拉·亚达夫
印度考古调查的助理考古学家

达伦达·坎瓦尔
拉贾斯坦邦艺术与文化作家

阿玛尔·库马尔·贾哈
古币学学者

维杰伊·维玛
印度音乐、艺术和文学学者

本书的完成还得到以下个人帮助:

纳维纳·海达尔·海克尔
纽约大都会艺术博物馆副馆长

迪普蒂·卡拉
纽约哥伦比亚大学艺术历史与考古学系博士研究生

R·S·米什拉
拉贾斯坦大学古印度历史学教授

图书在版编目（CIP）数据

印度拉贾斯坦邦博物馆 /（印）钱德拉曼尼·辛格（Chandramani Singh）著；李鑫译 .
— 南京：江苏凤凰文艺出版社，2021.4
（伟大的博物馆）
ISBN 978-7-5594-5385-3

Ⅰ . ①印… Ⅱ . ①钱… ②李… Ⅲ . ①博物馆 – 文物 – 介绍 – 印度 Ⅳ . ① K883.51

中国版本图书馆 CIP 数据核字（2020）第 222480 号

Copyright© Original Title MUSEUMS OF RAJASTHAN
© 2009 Mapin Publishing Pvt.Ltd.
Simplified Chinese language copyright©2021 by Phoenix-Power Cultural Development
Co.,Ltd.
All right reserved.
The simplified Chinese translantion rights arranged through Rightol Media（本书中文简体版
权经由锐拓传媒取得 Email：copyright@rightol.com）

著作权合同登记号　图字：10—2019—589 号

印度拉贾斯坦邦博物馆

（印度）钱德拉曼尼·辛格 著　　李 鑫 译

责任编辑	李龙姣
特约编辑	宗珊珊
装帧设计	鹏飞艺术
出版发行	江苏凤凰文艺出版社
	南京市中央路 165 号，邮编：210009
网　址	http://www.jswenyi.com
印　刷	山东泰安新华印务有限公司
开　本	787 毫米 ×1092 毫米 1/16
印　张	13.5
字　数	100 千字
版　次	2021 年 4 月第 1 版
印　次	2021 年 4 月第 1 次印刷
书　号	ISBN 978 - 7 - 5594 - 5385 - 3
定　价	120.00 元

江苏凤凰文艺版图书凡印刷、装订错误、可向出版社调换。联系电话 025-83280257